U0165971

圖解

三大特色
● 一讀就懂的學習評量入門知識
● 文字敘述淺顯易懂、提綱挈領
● 圖表形式快速理解、加強記憶

學習評量

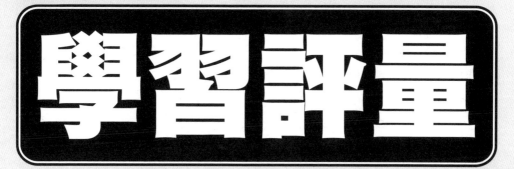

周新富 著

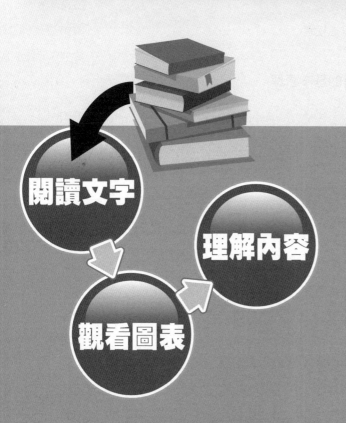

閱讀文字

理解內容

觀看圖表

五南圖書出版公司 印行

本書目錄

第 **3** 章　標準化成就測驗

第 **4** 章　教師自編成就測驗

本書目錄

本書目錄

第 13 章　評量的展望

第 1 章

學習評量緒論

 章節體系架構 ▼

Unit 1-1
學習評量及相關概念的意義

學習評量即是針對學生的學習結果施以測量並給予評估，是教育測量的一部分，其源頭與心理測驗的發展有密切的關聯。在教育領域中，評量學生在學習方面的進步情形是相當重要的教學活動，但是與評量（assessment）相關的概念如測量（measurement）、測驗（test）、評鑑（evaluation）、考試（examination）等，我們皆有互用的情形，某些方面認為這些概念的意義有相通之處，本單元將探討這些概念的意義（簡茂發，1993；余民寧，2017；Earl, 2003; McMillan, 2011）：

一、評量

評量是一個比較廣義的名詞，包括測驗和測量。在教育上通常是指教師採用多種方法或工具，以獲得學生學習表現的訊息，並據以安排教學計畫或補救教學計畫的決定。評量所要蒐集的資料可以是量化資料（quantitative data），也可以是質性資料（qualitative data），前者如傳統的紙筆測驗，後者如觀察學生的上課表現等。這種採用測驗、觀察，甚至實作等多種方法的蒐集學生學習成果的歷程，即可稱為學習評量（learning assessment），評量除了解學生的學習狀況之外，還需對學生的學習狀況提出價值判斷，以改善或提升學生的學習狀況。

二、測量

教育的測量是使用科學的方式以獲得學生特徵的資料，例如：知識、能力、興趣等。教師可以使用測驗（tests）、評定量表（rating scale）、問卷等工具，獲得想要的資訊，再以統計方法進行分析與解釋。在本質上，測量是使用數量來描述特質，既不包含品質的描述，也不對所獲得的結果做價值判斷。

三、測驗

教育與心理學界定測驗，通常是指一種特定的評量形式，包含一系列的設計來測量人的知識或能力的問題或作業。當名詞來使用時，指的是一套的測量工具，用來測量受測者的某些行為樣本，進而推論其某種心理特質或能力的多寡。當作動詞用時，即成為testing，譯做「施測」或「測驗」，指的是經由一組問題，以便有系統的測量行為樣本的過程。

四、評鑑

評鑑的動詞evaluate，形成對某事的想法或對某事作出判斷，因此評鑑是對某一事物賦予價值的行動。在教育方面是對教育的狀態或學生的成就給予價值判斷的過程，首先有系統地蒐集量化或質性資料，然後與依理想設定的標準相比較，再對現實與理想之間的差距賦予價值判斷。但近年來學者已將evaluation與assessment加以區隔，以免造成混淆。

五、考試

考試與評量及測驗的概念有密切關係，但定義更為狹隘，許多教師的評量方式只有考試一種，這種評量以紙筆測驗、教師自編測驗為主。教室內的考試可以區分成小考（quiz）和正式考試兩種，小考或稱為隨堂考，通常是教師為了解學生的學習狀況而隨時進行的簡短考試；而正式考試是指有安排時間、規則比較嚴謹，例如：月考、段考、期中考、畢業考等。

學習評量的定義

評量
包括測驗和測量。教師採用多種方法或工具,以獲得學生學習表現的訊息,並據以安排教學計畫

學習評量
針對學生的學習結果施以測量並給予評估,以了解學生在學習方面的進步情形

與評量相關的概念

使用科學的方式,以獲得學生特徵的資料

測量　**測驗**

評鑑　**考試**

當名詞是指一套的測量工具,當動詞用時,即成為施測

對教育的狀態或學生的成就,給予價值判斷的過程

考試的定義狹隘,是以教師自編的紙筆測驗為主

測驗、測量、評量與評鑑的關係

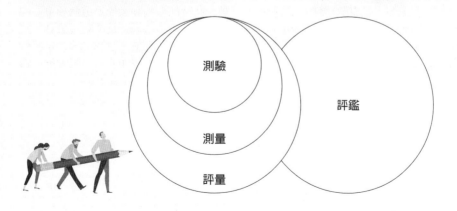

測驗

測量

評量

評鑑

資料來源:黃文三等(2016,頁15-3)。

Unit 1-2
學習評量的目的

　　學習評量依其目的區分爲對學習的評量（assessment of learning, AOL）、促進學習的評量（assessment for learning, AFL）、評量即學習（assessment as learning, AAL）三種取向。過去在教育現場中，多將評量的焦點放在學習成果的評量，而今轉爲關注「促進學習的評量」，目前更強調寓評量於學習之中，提出「評量即學習」的觀點（江文慈，2007）。以下分別說明學習評量的三項目的（甄曉蘭，2008；李偉俊，2023；Earl, 2003）：

一、對學習的評量

　　即學習成果的評量，是針對學生過去一段時間的學習進行評估，其評量結果可提供教師、學校、相關教育單位及政策決策者來參考使用，也會當成是學生分班、升學或畢業門檻是否達到課程期望或標準的依據。學習成果的評量可謂是「學習的過去式」，通常是評量學生既有、已習得的知識能力，常被視爲總結性評量，在測驗考試過後對於學生的學習，不太具有改變性。常見的評量有：段考、國中的會考、高中的學測等。

二、促進學習的評量

　　促進學習的評量是藉由評量活動，幫助教師、學生、同儕來思考決定教學及學習的下一步，希望能對學生下一個階段的學習有所幫助。而爲了要了解學生各個方面的學習成長、進步及學習需求，教師會選用多元評量的方法或策略，來蒐集並記錄學生在學習過程中的成長或遇到的困難；而所蒐集到的評量

結果，一來可提供教師作爲教學設計的參考，學生也可從中得知個人學習狀況，進而對學習有更完善的未來規劃，例如：訂立目標、改變學習策略、調整學習環境等。「促進學習的評量」常被視爲形成性評量，常見的評量方式如：隨堂測驗、實作、作業、觀察、教師問答等。

三、評量即學習

　　「評量即學習」是「促進學習的評量」理念的延展，也是學習評量的最高目標，讓學生成爲自己學習的最好評鑑者。學生不僅是評量和學習過程的參與者，更是兩者間的「批判性連結者（critical connector）」，當學生成爲主動投入的批判評量者，便能將評量的內容連結到先備知識及所需精熟的相關知能。「評量即學習」的評量活動呈現方式多元，很多時候也與課堂中的教學活動相結合，其設計要點在於教師先行思考「怎麼樣的任務目標能夠引導學生學習」，因爲評量任務本身就是學習活動。此時的自我評量便是這個評量取向的核心，教師透過評量活動的設計，讓學生主動參與評量，由學生檢視自己所學，以發揮後設認知能力，來調整、適應甚至改變自己的學習。

學習評量的目的

一、對學習的評量

學習成果的評量，針對學生過去一段時間的學習進行評估。
例如：段考、國中的會考、高中的學測等

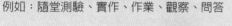

二、促進學習的評量

為了解學生各方面的學習成長、進步及需求，教師選用多元評量的方法或策略，來蒐集並記錄學生的表現。
例如：隨堂測驗、實作、作業、觀察、問答

三、評量即學習

學習評量的最高目標，讓學生成為自己學習的最好評鑑者。
例如：自我評量

三種評量取向的特徵

評量取向	目的	參照點	主要評量者
對學習的評量 Assessment of learning	安置、獎勵、晉升、學歷、資格成就的判斷	其他學生	教師
促進學習的評量 Assessment for learning	提供教師教學決定的訊息	外在標準或期許	教師
評量即學習 Assessment as learning	自我監控和自我修正、自我調整	個人目標和外在標準	學生

資料來源：江文慈（2007，頁189）。

Unit 1-3
學習評量的功能

學習評量的功能主要呈現在學生的學習成就及教師的教學效率兩大部分，至於輔導及行政上的功能則是比較其次。學習評量的功能分別敘述如下（余民寧，2017；郭生玉，2016；甄曉蘭，2008；Salvia, Ysseldyke, & Bolt, 2007）：

一、幫助學生學習的功能

（一）評量提供學習動機

透過評量給予學科學習上的成就感，並給予學習上的自信，若是學習失敗則可能削弱學習動機，教師及家長要產生督促的力量，促進學生的學習動機。

（二）評量幫助學生了解自己的學習成效

透過評量可讓學生明瞭哪些學習內容是重要的，學生可以檢視自己哪些學習內容學得比較好，哪些要再加強，藉此幫助學生學習評斷個人的學習成效。

（三）評量幫助學生學習如何學習

透過評量可讓學生了解自己的學習風格、學習策略的選擇及自我監測的技能，進一步評估及調整自己的學習策略及努力程度。

二、教師教學決定的功能

（一）了解學生的起點行為

在教學前，教師可以先針對學生實施成就測驗，用來評估學生在學習前已具有的背景知識，以作為決定教學的起點。

（二）確定教學目標達到的程度

教學之後，教師需確定教學目標是否切實可行？教學目標實現的程度如何？須借助於評量所得到的結果，以做正確的判斷。

（三）作為改進教學的參考

評量可以提供教師明瞭自己在教學上的缺失，作為是否需要改進或調整教學策略的參考，經由評量後的教學省思，有助於提升教師的教學效能。

（四）評定學生的學習成果

針對學生的學習成果進行評定等第，以作為其學習成就的代表；同時針對學習困難的學生，施以學習扶助及個別輔導。

三、學校行政決定的功能

（一）選擇決定的功能

這是指學生在升學考試方面是否被錄取或被拒絕，例如：高中會考、大學學科或指考、資優班的甄選，常以測驗作為甄選的工具。

（二）安置決定的功能

評量資料可以決定如何安置（placement），使學生得到最適當的服務，例如：新生入學後，學校會依據評量或心理測驗的結果，來作為常態編班的依據。

（三）落實輔導與諮商效能

學生在學期間，輔導室會蒐集學生學業性向、成就、興趣及人格特質等量化資料，除可使學生增進對自我的了解之外，教師也可從測驗資料了解學生是否具有心理困擾或不適應行為，以便結合輔導人員進行輔導與諮商。

（四）課程與教學計畫的評鑑

對於特定的課程與教學計畫要蒐集評量資料，並評估是否符合學校的目標，以決定課程或教學計畫是否持續辦理，例如：評鑑一項閱讀教學計畫。

學習評量的功能

幫助學生學習
的功能

學習評量
的功能

學校行政決定
的功能

教師教學決定
的功能

三項評量功能的細部功能

幫助學生學習的功能

（一）評量提供學習動機：給予學習上的自信
（二）評量幫助學生了解自己的學習成效：哪方面要再加強
（三）評量幫助學生學習如何學習：評估及調整學習策略及努力程度

教師教學決定的功能

（一）了解學生的起點行為：評估學生學習前已具有的知識
（二）確定教學目標達到的程度：學生是否學會教材內容
（三）作為改進教學的參考：是否需要改進或調整教學策略
（四）評定學生的學習成果：對學習成果進行評定等第

學校行政決定的功能

（一）選擇決定的功能：升學或編班是否被錄取
（二）安置決定的功能：新生入學的編班
（三）落實輔導與諮商效能：以心理測驗了解學生
（四）課程與教學計畫的評鑑：決定某一課程或教學計畫是否持續辦理

Unit 1-4
以教學歷程區分評量類型

學習評量有多種不同的分類，依照教學前、教學中、教學後不同實施的時間點，可分為：安置性評量（placement assessment）、形成性評量（formative assessment）、診斷性評量（diagnostic assessment）、總結性評量（summative assessment），以下分別說明使用時機（余民寧，2017；王振世等，2009；Arends & Kilcher, 2010; Kubiszyn & Borich, 2007）：

一、安置性評量

或稱預備性評量（readiness assessment），為教學前對學生所具有的起點行為之評量，它關心的是學生在教學開始前所具有的一些知識、技能，依據評量結果，教師要做以下的決定：決定是否先行複習舊教材內容、決定選擇何種適當的教材和教法、決定如何將學生分組或安排在特殊班級中學習。安置性評量也可用來測量學生已達到預期教學目標之程度，以作為調整教學計畫或允許學生跳過某些單元之依據。教學前不一定都需實施安置性評量，只有在教師對學生的能力不了解時才實施。

二、形成性評量

近年來評量學者對於形成式評量愈來愈重視，其功能主要在協助與改善學生的學習。透過形成性評量可以蒐集到學生學習狀況的證據，教師可以據此調整後續的教學程序，學生可以調整自己的學習策略。形成性評量的範圍通常較小，內容僅限於教學的特定內容，故評量結果不必給等級，只告知學生的學習是否達到精熟，例如：平時考。

三、診斷性評量

指在教學活動過程中，對於學生持續性、反覆呈現的學習困難的原因診斷，通常在教學中或教學後進行評量。目的在診斷學生的困難所在，並針對其困難，予以必要的補救教學。因此，診斷性評量是一種更綜合性和精密性的評量，通常需要學科專家或特殊教育專家協助。為了獲得更詳細的學習困難資料，此評量除了採用標準化成就測驗外，通常需要使用非正式的教師自編測驗和直接的觀察紀錄等方式。

四、總結性評量

是指在教學若干單元或課程結束後，對學生學習結果的評量，其目的是為了決定預期的教學目標達到的程度，以及教學目標的適切性，也被用於證明學生對於預期學習成果的熟練程度。總結性評量較偏重對學生的學習成果進行總檢查，例如：段考、畢業考，或是升學考試。因為其評量的內容較廣、題數較多，通常是抽取能代表學習內容的樣本作為試題，評量後需要給學生成績或等第，所以其重點是評定學生學習成就，而不是如同形成性評量是在發現困難和改進教學。若教師只重視總結性評量，則容易導致學生的學習困難無法及時發現。

依教學歷程區分的評量類型

安置性評量	形成性評量	診斷性評量	總結性評量
• 教學活動進行前 • 確定起點行為	• 教學活動進行中 • 檢查學習進步情形	• 教學活動進行中 • 學習困難原因的診斷	• 若干單元教學結束 • 評定學習的表現

形成性評量與總結性評量的比較

比較項目	形成性評量	總結性評量
一般名稱	課堂作業練習、單元測驗、精熟測驗	期中考、期末考、畢業資格考、標準化成就測驗
使用目的	1.提供學生立即回饋 2.作為矯正學習的依據	1. 評定學生學期成績 2. 評定教學方案或課程的有效性
試題取樣	以每一單元的教材為範圍；範圍小，代表性高	以整個單元或整學期教材為範圍；範圍大，代表性低
施測頻率與作答時間	單元兩次，次數多，但作答時間短	每學期兩、三次，次數少，但作答時間長
試題類化程度	強調基本的知識與能力，類化程度較低	強調各單元間知識能力的綜合應用，類化程度較高

資料來源：歐滄和（2007，頁471）。

Unit 1-5
以結果解釋及其他方式區分評量類型

學習評量如果依據評量結果的解釋來分，可以分為常模參照評量（norm-referenced assessment）和效標參照評量（criterion-referenced assessment）兩種；若依據評量的本質，可以分為最佳表現評量（assessment of maximum performance）和典型表現評量（assessment of typical performance）兩類；若依編製歷程，則可分為教師自編及標準化測驗。以下分別說明之（郭生玉，2016；王振世等，2009；Arends & Kilcher, 2010; Kubiszyn & Borich, 2007）：

一、依據評量結果的解釋

當評量的得分出來之後，對於分數的高低要加以解釋，以明瞭分數所代表的意義。常模參照評量是把學生的學習表現與同年級或其他條件相同的參照團體相比較，依其在團體中所占的相對位置來解釋評量結果，通常以百分等級或標準分數來表示，其目的在作為分班晉級、擇優錄取和判定等級之用。基本能力測驗、標準化成就測驗、性向測驗等，皆採用常模參照來解釋的評量。如果評量結果的解釋是以事前決定的標準作為依據，達到標準即為精熟，未達標準即未精熟，這種評量即稱為標準參照評量。其中效標（criterion）的選擇可以由教師的教學經驗、學校政策、政府法令來決定，例如：教師設定某份測驗的精熟標準為80%以上的答對率、60分為及格等。這種評量的目的不在和別人比較，旨在找出學生已經學會和尚未學會的原因或困難所在，以作為改進教學及學習的參考。一般而言，大多數的形成性評量多屬於標準參照評量。這兩種評量的差異比較，請參閱右頁表格。

二、依據評量的本質

依據評量本質分為最佳表現及典型表型評量。最佳表現評量用來測量個人的最佳反應或最大成就，主要關心在全力以赴以獲取高分的動機，個人可以表現多好，智力、性向與成就測驗屬之。典型表現評量是在正常情境之下，個人所表現的典型行為如何，人格、興趣、態度等測驗屬之。在測量典型行為時，個人通常有虛偽作答的現象，因此測量比較困難。在最佳表現評量中，分數愈高表示能力愈佳，但在典型表現的測量中，不重視個人是否得高分，只是在描述個人在正常情況下的行為表現而已。

三、依據編製歷程

依據評量工具是否經由標準化的程序，可區分為教師自編測驗及標準化測驗兩類。教師依據教學的需要所自編的考卷，其編製過程、實施、計分與解釋，較缺乏標準化，比較主觀。而「標準化測驗」（standardized test）是由測驗專家依測驗的編製程序所編成的一種測驗，編製、計分與解釋都有特定和標準的程序，也都建有常模、信度和效度的資料，目的是為了能將一個學生的表現與其他同年級和同年齡的學生進行比較，例如：性向測驗、興趣量表。

常模參照與標準參照評量的比較

層面	常模參照評量	標準參照評量
題目的難度	50%	80%
學生表現的比較	與其他學生表現相比較	精熟標準相比較
題目取樣內容	廣泛，包含多項目標	狹窄，包含少數目標
題目取樣內容的完整性	較淺，通常每個目標僅包含一、兩題	較完整，通常每個目標包含三題以上的試題
變異性	學生分數的變異性愈大愈好	因不與別人的分數比較，分數的變異性很小
試題編製	選擇的試題是用來增加分數的變異性，太難或太簡單的題目刪除不用	選擇的試題能反映效標行為，特別強調相關反應領域的辨認
成績報告與解釋	使用百分等級與標準分數	成功或失敗的數字或可以接受的表現範圍（例如：達到90%的精熟）

取自Kubiszyn & Borich (2007, p.71).

依據評量的本質區分的評量

依據評量的本質區分

　　最佳表現評量 —— 測量個人的最佳反應或最大成就，例如：智力測驗

　　典型表型評量 —— 正常情境之下所表現的典型行為，例如：人格測驗

依編製歷程區分的評量

依編製歷程區分的評量

　　教師自編測驗 —— 教師依據教學需要所編製的考卷

　　標準化測驗 —— 編製、計分與解釋都有標準的程序，同時建立常模及信效度資料

Unit 1-6
傳統學習評量的問題

　　傳統教室內的評量以紙筆測驗為主，這種評量方式有諸多的限制，例如：教師多半傾向使用具有標準答案、計分方便且具公平客觀的測驗方式進行評量，學生必須根據書本或教師所教的答案去回答試題，作答容易僵硬化。紙筆測驗通常僅能評量到較低層次的認知能力目標，對於較高層次的認知能力目標則比較無法評量。因為傳統重視考試的評量已不適合當前的教育環境，因而導致多元評量的興起。目前中小學教育由於升學競爭而導致教學未能正常化，尤其是在學習評量方面產生許多的流弊，這些問題值得大家關心、省思和切實的檢討。舉其要者包括下列各項（簡茂發，1999；姚友雅、黃蕙欣，2013）：

一、偏重認知能力的評量

　　學校的評量過度重視認知能力的評量，尤其是學科知識記憶的考核，忽略高層次的問題解決和創意，同時也忽略有關技能及情意方面的評量。

二、考試次數太多

　　考試如上戰場，學生雖身經百戰，謀取勝之道，但未必是常勝軍，無信心，沒把握克敵致勝。在個人方面，課業負擔重，心理壓力大，害怕考試，造成考試焦慮症候群；在人際關係方面，因惡性競爭而對立，存有敵意，猜忌懷疑，彼此疏遠，不能相互尊重與合作。

三、評量方式侷限於筆試

　　中小學常用坊間印行的測驗卷進行評量，筆試內容又常以選擇題為主，

而且次數過於頻繁，學生淪為考試的機器，失去學習的意義與興趣。除紙筆測驗以外，美國教育學者瓦欽斯（R. K. Watkins）提出學校中較常使用的成績評量措施尚有下列方法：教師的評判、口頭問答、論文、學生作品評定、操作的評定、非正式紀錄、機械紀錄等。

四、無法充分了解考試分數的意義

　　教師無法充分了解考試分數的意義及其所隱藏的訊息，以致未能發揮評量的診斷功能，導致人人競逐高分，考試淪為競賽的工具，學生成為考試的機器，結果失敗挫折者居多，考試的負面效應層出不窮，如作弊、抗拒學習等。

五、評量與生活脫節

　　教室內的評量通常為虛假評量（spurious assessments），即使用虛假的測驗題材，並不重視題材的生活化和應用化，只注重表面記憶的習得，忽略內在深層智能與品格的發展。

六、學生變成被動的學習者

　　以分數結果評量學生的學習成效，但分數無法具體呈現學生真正的學習狀態，僅重視分數與排名的情形之下，使學生未能養成自我評量的習慣，未能對自己的學習負責。

紙筆測驗所能測得的認知能力

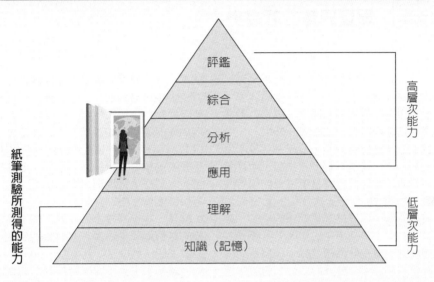

傳統學習評量的問題

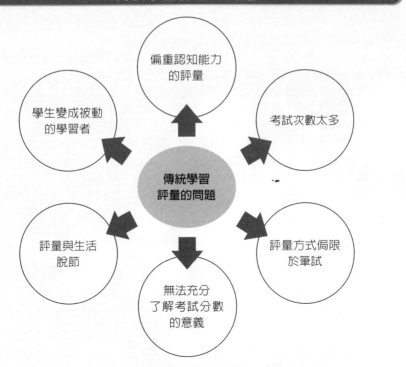

Unit 1-7
學習評量的新趨勢

在台灣考試領導教學，似乎是難以改變的樣態。與其責難考試領導教學，不如積極改變考試的體質，讓它對教學產生良性的影響（江文慈，2004）。考試太過頻繁所產生的後遺症是部分學生抗拒學習，或是具有考試焦慮，新評量趨勢即在改變傳統評量所導致的學習問題。回顧 20 世紀，大多數的教室評量被認為是一種提供學習指標的機制，教師的教學、檢測學生的知識、判斷學生的成就，之後就繼續進行下一個單元的教學。然而由於社會的期待、對於學習知識以及動機處理看法等的改變，使得教室中的評量應當具有不同的面貌與意涵。

近年來，教育場域隨著哲學思潮改變的影響，對於知識的觀點從客觀獨立存在的實體，走向認為知識是由個體建構而成；評量觀點也從強調以客觀量化的方式檢測片段的知識，轉而著重問題解決能力，以及師生同儕共同參與的評量。隨著課程改革的觀點、認知與建構取向學習理論與評量之間的逐步相容與一致，對於評量來說也就轉向強調課堂脈絡的評量，因而發展出教室內評量的新趨勢（江文慈，2007；鍾靜、陸昱任，2014）。三者的關係及評量的新趨勢可見右頁上圖，由圖可看出評量的目的從著重正確測量學習結果的評量，轉向關心促進學習的評量，從這樣的轉變，可看出評量與學習的關係愈益密切，有更多的交融。

單元1-2有提到三種評量的目的，分別是「對學習的評量」、「促進學習的評量」，以及「評量即學習」，目前的評量仍偏重「對學習的評量」，非常缺乏「促進學習的評量」及「評量即學習」，這也是目前評量的危機，我們需要努力加以平衡。在新的結構中，強調增加「促進學習的評量」和「評量即學習」二者的份量，因為課堂評量的焦點是學生的學習，對教師而言是「促進學習」，對學生來說則「即是學習」。在這個轉變歷程中，評量的角色與目的有所轉移，評量不僅止於成績考核，更重要的是幫助學生學習，進而激勵學生自我改進與主動學習（江文慈，2007）。如何讓學生主動參與學習評量？其實施方式如下（高博銓，2007；江文慈，2007）：

1. 教學活動中更強調學生的自我評量。
2. 師生擁有更多的機會共同來檢視學生學習的進步情形。
3. 教師能與學生一起分享和建構評量的目標。
4. 教師要留意學生在情意領域方面的學習狀況。
5. 鼓勵學生運用自我激勵、自己的才能和知識來做決定及解決問題。
6. 評量後問學生一些反省的問題，思考下一步該怎麼走。
7. 教導學習策略，使學生能使用自我監控，了解自己所知與不知。

課程理論、心理學理論和評量理論所形成的交融典範

課程改革願景

1.所有學生都能學習
2.學科著眼於高階思維與問題解決的挑戰
3.對不同學習者有公平機會
4.藉由社會化投入學科領域對話與實踐
5.校內外的學習的真實性關聯
6.培養重要意向與心智習慣
7.在關懷的社群中提升民主實踐

認知與建構學習理論

1.智識能力是在社會與文化中發展的
2.學習者在社會情境中建構與理解知識
3.新的學習是藉由先前知識與文化觀點所形成
4.有智慧的思考包含後設認知或對學習與思維的自我監控
5.深入理解是有原則的且支持遷移
6.認知表現與個人意向及認同有關

教室評量

1.有挑戰性的任務可引發高階思維
2.同時處理學習過程與學習結果
3.是持續性的過程並與教學整合
4.使用形成性支持學生學習
5.學生可以看見教師的期望
6.學生能主動評鑑自己的學習工作
7.同時被用來評量教學與學生學習

資料來源：Shepard (2000, p. 8).

讓學生主動參與學習評量的做法

讓學生主動參與學習評量的做法	
	1.教學活動中更強調學生的自我評量
	2.師生擁有更多的機會共同來檢視學生學習的進步情形
	3.教師能與學生一起分享和建構評量的目標
	4.教師要留意學生在情意領域方面的學習狀況
	5.鼓勵學生運用自我激勵、自己的才能和知識來做決定及解決問題
	6.評量後問學生一些反省的問題，思考下一步該怎麼走
	7.教導學習策略，使學生能使用自我監控，了解自己所知與不知

Unit 1-8
學習評量的倫理規範

評量不只是一項「技術性活動」（technical activity），而且也是一種「人性化的活動」（human activity），教室中的評量應用更應重視「評量倫理議題」（ethical issues of assessment）（吳明隆，2021）。「倫理」是一種社會規範的要求，為防範測驗被誤用與濫用，故須訂定評量的倫理規範，並讓評量的使用者遵守。評量的倫理規範原則如下（余民寧，2017；周新富，2019；Payne, 2003）：

一、專業的原則

使用測驗前，必須對該測驗的功能、目的、限制、使用方法、適用對象、計分方式與解釋等規定有徹底了解。對教育與心理測量問題與技術、測驗信度與效度分析、測驗誤差來源的了解與解釋、標準化施測過程等，要有專業訓練的知識、豐富的使用經驗，和公正客觀的運用心態。在成就測驗編製方面，要遵照編擬試題的雙向細目表，審慎進行編擬試題，不得任意對外公開所編擬試題。

二、道德的原則

非獲得當事人的同意（未成年由家長同意），不得將個人資料於著作、演講或討論會中公開或陳述。若學術研究上需要，則要避免當事人被認出來。受試者有權要求個人資料應被保密和保障，以維護個人身心的安全和基本人權與隱私權。考試成績亦是學生的隱私，教師應盡力維護學生隱私權，避免資訊不當揭露或濫用，例如：段考過後，教師將全班成績影印發給同學，要求帶回

去給家長簽名，這就屬於不當揭露。當學生因為成績低落，需要轉介至輔導室進行輔導時，應適時向學生或家長（監護人）說明轉介時輔導教師將獲知其個人訊息與資料。雖然學生有權要求被尊重與被保密，然而學生大多是未成年人，對其隱私權的行使會受到部分的限制。

三、倫理的原則

測驗使用者應以維護受試者的福祉為重，行有餘力再兼顧測驗本身的安全性。測驗使用者向受試者解釋測驗分數時，應注意下列原則：

1. 考慮受試者當時身心狀況及家庭背景因素。
2. 避免只給分數，應補充數字背後的意義並輔以相關資料。
3. 應針對解釋事項作建議，切勿替受試者作決定。

四、社會的原則

施測者須考慮心理評估技術是否能被社會所接受。因為教室內包含不同類別的學生，例如：種族、階級、性別、年齡、宗教、能力，教師須關心學生個別差異的存在，因此對弱勢族群表現的解釋要小心謹慎，因其不是標準化評量工具常模團體的代表。另一項基本的倫理標準是教師對待學生的「公平性」（fairness），當實施評量時，避免因學生語言能力受限或文化經驗不利而有偏見或不公。教師因學生評量結果未達期望或標準，甚至對學生施予處罰、責備或嘲笑，這樣的行為是違背評量的價值性與教育性，也就是違反專業倫理。

評量的倫理規範四大原則

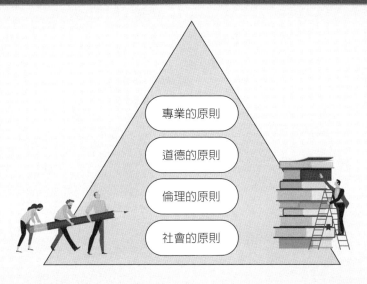

專業的原則

道德的原則

倫理的原則

社會的原則

評量的倫理規範內容

專業的原則

* 對測驗的功能與使用有徹底了解
* 不得任意對外公開所編擬的試題

道德的原則

* 維護學生身心的安全、基本人權與隱私權
* 避免評量資訊不當揭露或濫用

倫理的原則

* 測驗分數時，應考慮受試者當時的身心狀況
* 避免只給分數，應說明分數的意義
* 勿替受試者作決定

社會的原則

* 對弱勢族群表現的解釋要小心謹慎
* 教師要公平對待學生
* 避免因成績而對學生施予處罰、責備或嘲笑

第 **2** 章

評量的基本原理

●●●●●●●●●●●●●●●●●●●●● 章節體系架構 ▼

Unit **2-1**
測量的量尺

為了測量學生的行為、特質或屬性，必須依據不同的量尺將這些資料加以分類，目前測量的量尺（scales of measurement）有下列四種，這四種測驗分數的意義屬於基本的統計概念，也是在進行量化研究時所需明瞭的知識。以下分別敘述四種分數的意義（周新富，2016；涂金堂，2009；Salvia, Ysseldyke, & Witmer, 2017）：

一、名義量尺

名義量尺（nominal scales）或稱類別變項，是測量水準中最低的一種，凡資料本身的用途，只具有辨識事物或表示類別用途的特性即屬之。例如：球衣的背號、學生的學號、性別、血型、宗教別、職業別、國籍、郵遞區號或身分證等。這類數字並不能用來比較事物之間或類別之間的大小、優劣、次序或差異，因此不能進行算術中的四則運算。

二、次序量尺

次序量尺（ordinal scales）或稱等級變項，凡資料具有上述類別量尺的特質，並且可用數值來表示事物或類別間之大小、多寡、優劣、高低、次序或等第，即稱為次序量尺，例如：社會階級、成績的名次等。只能用來描述事物或類別在某一特質上的次序，但並不能用來顯示其間差異量的大小，所測量的數字也是不能來進行四則運算。

三、等距量尺

等距量尺（equal-interval scales）或稱等距變項，凡資料具有上述名義量尺和次序量尺的特性，並且還可以用數值計算出兩項分數之間的差異量大小者，便是等距量尺。例如：溫度、明暗度、音量、收入、投票率、智商和犯罪率等。標準化智力測驗分數，得分在130-120分與得分在60-50分之間的差距是相等的，但是前者的差異所顯示出的聰明程度，要比後者的差異所顯示出的聰明程度還大，這是由於智力的意義不具有相等單位的緣故，嚴格說來，智力應該算是次序量尺。然而在實際的心理與教育研究領域裡，學者為了方便使用起見，還是將智力視為等距量尺。

四、比率量尺

比率量尺（ratio scales）或稱比率變項，是測量的最高水準，而且也是科學家的理想量尺。凡資料具有上述三類量尺的特性，並且還可以用數值計算，以及表示兩量尺間的差異量大小和相對比率，例如：身高、體重。其最大的特點，就是具有「絕對零點」（absolute zero），這種數值本身可以進行四則運算。實際上在教育學領域裡，真正屬於比率量尺者不多，在測量態度的評定量表（rating scale）使用上，研究者常將評定量表的五類選項，分別給予5、4、3、2、1分的得分，進行總分及平均數的計算。這樣的計分已引發不少爭議，在使用時還是要特別小心謹慎，尤其是對評量結果的解釋。

測量資料的分類

屬性資料（qualitative data）

名義量尺：表示類別用途

次序量尺：表示事物或類別之高低、次序或等第

計量資料（quantitative data）

等距量尺：可以計算出兩項分數的差異量

比率量尺：可計算，並可表示兩項分數的差異量和相對比率

測量量尺的比較

量尺名稱	類別	運算方式	功能	範例
名義量尺	非計量	= ≠	分類和描述	性別、血型
次序量尺	非計量	= ≠ > <	上述功能加上等級	社會階級、成績的名次
等距量尺	計量	= ≠ > < + -	上述功能加上比較差異量大小	溫度、收入、智商、犯罪率
比率量尺	計量	= ≠ > < + - × ÷	上述功能加上計算比值	身高、體重、態度量表

Unit 2-2
描述性統計

描述性統計（descriptive statistics）主要目的在於將大量數據加以整理、摘要和濃縮，以便更容易理解和解釋數據的性質和特徵（林清山，2016）。通常可以概略獲悉資料分配的集中趨勢（central tendency）、分散趨勢（dispersion tendency）及分布形狀（distribution's shape）三種特徵（林清山，2016；黃瓊蓉譯，2007; Salvia, Ysseldyke, & Witmer, 2017）：

一、集中量數

集中量數（measures of central location）主要在呈現資料分配之中心位置或共同趨勢，其中以下三種爲常用的統計量數：

（一）平均數

平均數（mean, M）又稱算術平均數，是資料中所有數值的總和除以總數。用公式表示如下：$M = \dfrac{(\sum X)}{N}$。

（二）中位數

中位數（median, Md）簡稱中數，將資料中的數值按大小排列，找到中間位置的數值即爲中位數。如果總數是偶數，通常要以 $\dfrac{N}{2}$ 個和第 $\left(\dfrac{N}{2}+1\right)$ 個分數的平均值作爲中位數。是奇數時，以第 $\left(\dfrac{N+1}{2}\right)$ 個的分數爲中位數。

（三）眾數

眾數（mode, Mo）是指資料當中出現次數最多的數值，例如：十名嬰兒的體重爲13，14，15，14，15，14，14，13，12，16公斤，其中14公斤是眾數。

二、變異量數

變異量數用來表示團體中各分數的分散趨勢，比較常用的變異量數如下（林清山，2016）：

（一）全距

全距（range）是一組資料中最大值與最小值之差，是最簡單的變異指標。

（二）變異數

變異數（variance）能顯示一組分數與平均數距離的遠近，是每個數值與平均值之間的差異的平方的平均數。其公式如下：

$$S^2 = \dfrac{\sum(X-\bar{X})^2}{N}$$

（三）標準差

標準差（standard deviation, SD）是變異數的正平方根，是數值與平均數的平均距離。

三、分布形狀

在心理與教育研究的領域中，有許多特質的次數分配是接近一種左右對稱的鐘形曲線，我們稱之爲常態分配曲線（normal distribution curve）。但某些情況下，資料的分布形狀不一定是常態分配，因此需從偏態（skewness）和峰度（kurtosis）兩方面來考驗。

（一）偏態

偏態是指資料分布偏離平均數的程度，如果大部分的分數落在低分那一邊，或是平均數落在中位數的右邊，即表示右偏，稱之爲正偏態分配度；如果分數集中在高分方面，或平均數落在中位數的左邊，即表示左偏，稱爲負偏態分配。

（二）峰度

峰度是用來描述分配狀態與常態分配的比較，是較爲高峻或平坦。當曲線較常態分配平坦者，稱之爲低闊峰曲線（platykurtic curve），較常態分配爲高峻，而兩極端的分數又較多時，則稱之爲高狹峰曲線（leptokurtic curve）。

常用的統計符號

名稱	符號	意義
平均數	$\bar{X}$	所有數值的總和除以總數
數的總和	Σ	數值相加，又稱為加總
中位數	Md	中間位置的數值，簡稱中數
眾數	Mo	資料當中出現次數最多的數值
全距	R	一組資料中最大值與最小值之差
變異數	S^2	顯示一組分數與平均數距離的遠近
標準差	S	標準差是變異數的正平方根

常態分配曲線

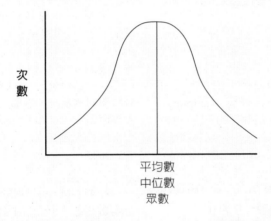

正偏態分配曲線

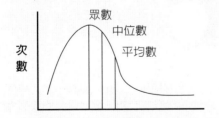

負偏態分配曲線

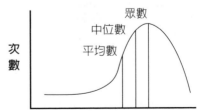

Unit 2-3
推論性統計

統計學可以分為描述性統計、推論統計（inferential statistics）和實驗設計（design of experiments）三大類，推論統計是透過分析樣本數據來推論整個母群體（population）的性質，在教育研究中，經常要作這樣的推論，因此推論統計遠較描述統計重要（林清山，2017）。透過如SPSS、SAS等套裝軟體，都能算出上述的統計分析。以下是推論統計的一些主要內容：

一、抽樣方法

在教育研究中，研究者並不研究整個母群，而是以樣本為研究對象，因為母群可能很大，無法獲得母群所有人的資料，因此需要採用抽樣（sampling）的方式抽出樣本。最理想的方法是隨機選擇（random selection），稱為隨機抽樣，但是教育研究有時無法採用隨機選擇的方式，因此須視研究設計之需要而採用適合的抽樣方式。有關隨機抽樣的方式將在單元3-7詳加說明。樣本是否具有代表性，需視抽樣方法是否適當、樣本大小是否足夠而定（葉重新，2017）。

二、假設考驗

假設考驗（hypothesis testing）即使用統計方法來考驗研究假設是否成立，其流程為：1.提出研究假設（對立假設）；2.選擇適當的統計方法；3.決定顯著水準；4.比較樣本統計量與臨界值並下結論（葉重新，2017）。

假設有研究假設和統計假設之分，研究者根據觀察或理論，對某一問題所做的邏輯猜測，並以陳述句作表示，稱為研究假設，其寫法如下：不同性別的國小高年級學生，其學習態度有顯著的差異。統計假設是用依據研究假設，再以統計學用詞的陳述句加以表達，可區分為虛無假設（null hypothesis, H_0）和對立假設（alternative hypothesis, H_1）。H_0表示變項之間無相關或無差異，H_1表示變項之間有相關或有差異，研究假設通常是採用H_1的敘寫方式（林清山，2016）。

三、統計考驗方法

考驗研究假設需要使用適當的統計方法，即確定檢定統計量（test statistic），計算樣本檢定統計量值，若量值達到.05（或.01）的顯著水準，則拒絕H_0。選擇統計方法時，要依據統計資料屬何種量尺、是獨立樣本或相依樣本等原則，決定採用何種統計考驗，比較常用的考驗方法如下（林惠玲、陳正倉，2023）：

（一）t 檢定

t 檢定（t-test）用於比較兩個樣本平均數是否有統計上的顯著差異，例如：男女生在學習態度問卷得分上的差異。

（二）變異數分析

變異數分析（analysis of variance, ANOVA）通常用來比較三個或更多組之間的平均數是否有統計上的顯著差異，獨立樣本或相依樣本有不同的統計方法。

（三）卡方檢定

卡方檢定（Chi-square test）用來處理計次方式的類別量尺資料的差異考驗。

其他如相關、迴歸分析等檢定統計，均屬於推論統計的範圍。

推論統計過程

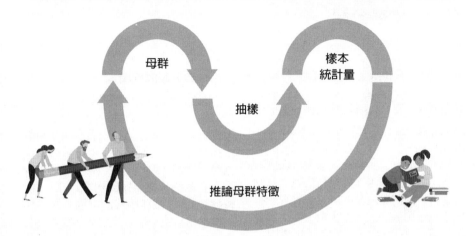

母群

樣本
統計量

抽樣

推論母群特徵

假設考驗的流程

提出研究假設：
即對立假設，表
示變項之間有相
關或差異

選擇適當的統計
方法，例如：
相關、t檢定

決定顯著水準：
設定.05或.01的
顯著水準

比較樣本統計量
與臨界值並下結
論：若統計量達
顯著水準，研究
假設即成立

依資料性質選擇統計考驗方法

資料性質

自變項、依變項均是
名義量尺或次序量尺

卡方檢定

依變項是等距量尺或
比率量尺

t檢定
變異數分析

Unit 2-4
常態分配

本單元再深入探討常態分配的性質。常態分配是統計學上最重要且應用最廣泛的連續機率分配函數，又稱為正態分布或高斯分布（Gaussian distribution）。自然現象都很近似常態分配，例如：人的身高、體重、血壓、智商、考試成績等。如果我們對大量的人進行智力測驗之後，將會發現智商特別高和特別低的人只占少數，而大部分的人都是不太高也不太低（林清山，2016）。

一、常態分配特性

常態分配可視為次數分配或機率分配，理論上，當（p+q）n 的 n 接近無限大，而且 p = q =.5 時，所形成曲線才能稱為常態分配曲線（林清山，2016）。所形成的曲線是對稱、單峰且呈鐘形的二項分配曲線，曲線的高度是代表次數。這樣的曲線具有以下的特性（林惠玲、陳正倉，2009）：

1. 常態分配曲線以其平均數為中心，同時也是最高點，左右對稱。
2. 在常態分配曲線的中心點上，平均數＝中位數＝眾數。
3. 常態分配曲線以平均數為中心，向左右兩邊趨近 0，但永遠大於 0。
4. 常態曲線中心點到曲線的反曲點（points of inflection）的距離為一個標準差，也就是說，標準差決定曲線的形狀。

二、常態分配的面積

常態分配曲線面積是數學家用「積分」的方法計算出常態分配的面積。在教育研究中，為了解某一觀察值在團體中的相對地位，常須將原始分數轉換為標準 z 分數。因此若將一常態分配變項的所有原始分數轉換為標準 z 分數，則轉換後的 z 分數所構成的常態分配，稱為標準化常態分配，此標準化常態分配之平均數（μ）等於 0，標準差 σ 等於 1。在此情況下，曲線和 x 軸所圍成之面積為 1，則得分在 $\mu \pm 1\sigma$ 之間的區域占總面積的.6826，得分在 $\mu \pm 2\sigma$ 之間的區域占總面積的.9544，得分在 $\mu \pm 3\sigma$ 之間的區域占總面積的.9974（王保進，2000）。也就是說，常態分配時，得分在平均數上下一個標準差之間，所占面積為 68%，表示總人數的 68% 其得分在這個區間；得分在平均數上下兩個標準差之間，占總人數的 95% 左右，以外者約 5%；得分在平均數上下三個標準差之間的人數約占總人數的 99%，以外者約為 1%。.05 和.01 即用來表示顯著水準（林清山，2016）。

心理學與教育學的研究往往假定樣本所代表的母群呈常態分配，許多統計考驗也是在此前提之下才能進行，但這項假設的合理性一直受到質疑。例如：馬希瑞（Micceri）提出許多證據，指出成就測驗、人格測驗等研究並不符合常態分配的要求。目前許多研究者仍然使用傳統的統計分析方式，他們認為即使母群的分配不是呈常態分配，但是傳統的統計方法仍有某種程度的正確性（黃瓊蓉譯，2007）。

常態分配特性

曲線以平均數為中心，也是最高點	在曲線的中心點上，平均數＝中位數＝眾數	曲線以平均數為中心，向左右兩邊趨近 0，但大於 0	常態曲線中心點到曲線的反曲點的距離為一個標準差

常態分配與標準差所形成的面積

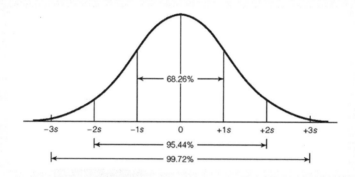

資料來源：Salvia, Ysseldyke, & Witmer (2017, p.43).

常態分配曲線距離一個標準差的面積

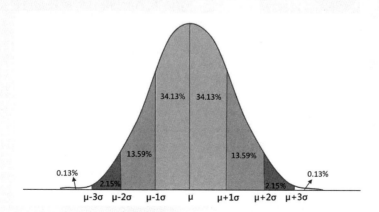

資料來源：朱敬先（1997，頁514）。

Unit 2-5
相關係數

相關係數是一種推論性統計量，用於衡量兩個變數之間的關係強度和方向。因為往後單元所要探討的測驗信度、效度，與相關係數有密切關係，因此在本單元探討相關係數類型與解釋（周新富，2016；葉重新，2016，2017）：

一、相關係數類型

雙變數相關的統計法在測驗與評量方面，較常使用的為下列兩種：

（一）積差相關

積差相關（product-moment correlation）是由統計學者皮爾遜所發展出來的，因此稱為皮爾森（Pearson）積差相關，由所算出來的相關係數（correlation coefficient）可以判斷兩個變項之間的關係密切與否的程度，這兩個變項可以稱為自變項及依變項，或稱為預測變項（predictor variable）及效標變項（criterion variable）。例如：某班學生有45名，每名學生都有國語和數學分數，則學生國語和數學分數的相關程度，就可以用積差相關的統計法來計算。由公式的計算求得的相關係數以r這個符號來表示，相關係數的範圍在-1到1之間，$r=1$，表示完全正相關，$r=.92$，$r=.25$，稱之為正相關。當r為負數時，即表示負相關；當$r=0$表示兩變項零相關，也就是沒有相關。相關係數可以分為正相關（完全正相關）、負相關（完全負相關）、相關五種情形。

（二）等級相關

等級相關（rank correlation）是積差相關的一種特殊形式，當其中一個變項或兩個變項皆為次序量尺時，則須使用斯皮爾曼等級相關係數（Spearman's rank correlation coefficient）。這種次序量尺的資料有兩種：1.表示等級的分數，例如：作文成績打甲乙丙丁；2.將連續資料轉換成等級分數，例如：將成績分別是94，74，54轉換成1，2，3。斯皮爾曼等級相關係數適用在兩個評分者評N個人或N件作品，或者是一個人後兩次評分，如果評分者人數增加至三人以上，則需使用肯德爾和諧係數（the Kendall's coefficient of concordance），例如：八位國文教師要評定十篇作文的等第，因此這個統計方法特別適用於計算評分者間信度（interjudge reliability）。

二、相關係數的解釋

相關係數是描述二變數之間的直線關聯，說明此直線關聯的方向和強度。相關係數的平方值稱為決定係數，表示X變數能解釋Y變數總變異量的百分比，相關愈高則愈能解釋的總變異量也愈高。當我們在解釋相關係數時，需注意以下事項：

1. 變項之間的相關係數的大小需經顯著性檢定來證明是否顯著。
2. 有相關存在，不一定有因果關係存在，要確定變數之間的因果關係，最好是使用實驗研究法。
3. 相關係數僅適用於直線型的關係中，若兩變項之關係若非直線關係，例如：學生焦慮程度與考試分數呈曲線關係，就不能用積差相關來解釋。

相關係數類型

```
相關係數類型 ─┬─ 積差相關 ── 自變項及依變項均為連續
             │              變項，可算出相關係數
             │
             └─ 等級相關 ── 當一個或兩個變項皆為次
                            序量尺時，可算出等級相
                            關係數或肯德爾和諧係數
```

XY兩變項相關高低的分布狀況

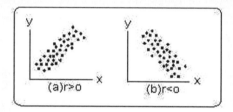

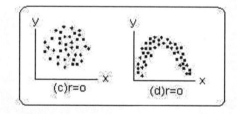

資料來源：周新富（2016，頁193）。

註：a為相關，b為負相關，c為零相關，d為零相關。

相關係數的解釋

相關係數範圍（絕對值）	變數關聯程度
1.00	完全相關
.70 至 .99	高度相關
.40 至 .69	中度相關
.10 至 .39	低度相關
.10 以下	微弱或無相關

Unit 2-6
信度的意義與特性

　　測驗必須針對使用目的與使用對象來編製，要想成為一份優良的測驗，則必須具備效度（validity）、信度（reliability）及正確性（accuracy）三項條件（Kubiszyn & Borich, 2007）。信度的理論基礎源自1950年代的古典測驗理論，是最早的測量理論，被稱為古典信度理論（classical reliability theory），因為其理論的重心，是在估計一份測驗實得分數的可信度（李克明，1993）。

一、信度的意義

　　在測驗理論中，信度常有兩種定義：一為不同時間施測時，測驗得分的穩定程度，即測驗重新施測後求得二者的相關，相關愈高表示測驗具有穩定性、可靠性和可預測性。另一定義為觀察分數與所欲測量的心理特質分數相關的程度，即採用相關的平方，將信度係數界定為：觀察分數的變異在所欲測量的心理特質分數變異所占的比例，當測驗分數的誤差愈小，則其測得心理特質部分所占的比率就相對提高，如此即有較高的信度（朱經明，2000；劉湘川、許天維、郭伯臣，1994）。由此可知，信度是指所測量的屬性或特性前後的一致性（consistency）、穩定性（stability）、可靠性（dependability），以及可預測性（predictability），即多次測量的結果是否一致。受試者在多次使用某種測驗時，如果得到相當接近的分數，即可認定該測驗穩定可靠，具有良好的信度。

二、信度的特性

　　信度是一種相關係數，其值介於

1.00-.00，但要達到1.00的情況很少見。一項測驗的信度係數如果是.90，表示測驗的測量誤差接近10%，比信度係數.50的測驗更為可靠。優良的教育測驗，其信度係數最好高於.80以上，才比較具有使用價值（Salvia, Ysseldyke, & Witmer, 2017）。測驗信度具有以下的特性（余民寧，2017；郭生玉，2016；Linn & Miller, 2005）：

（一）信度是測量的結果，不是指測驗工具本身

　　信度是根據一群受試者的得分所估算出來的，不同群體的受試者可能會有不同的得分情形，因此所估算出的信度值大小也會不同。

（二）信度的估算是針對特定類型

　　測驗及評量的得分不可能具有普遍的一致性，可能在不同時間、不同試題作業樣本、不同評分者的可靠性，可能在其中一種情境下具有一致性，另一情況則否，因此信度的考慮須視測驗的用途而定，例如：想測量學生對科學原理的理解，那就需要不同作業表現間的一致性。

（三）信度是效度的必要條件，而非充分條件

　　一旦測驗結果的信度低，則測驗結果的效度就不會高，但信度高不能保證效度也高，信度僅能提供一致性，使該測量可能是有效度的。

（四）當信度偏低時的補救措施

　　挑選測驗當然以信度高者優先考量，但教師自編成就測驗信度係數偏低時，可以透過增加試題或刪除不良試題來提高信度，但要考慮學生作答時間是否足夠。

優良的測驗的條件

高效度 **+** 高信度 **+** 正確性 **=** 優良測驗

信度的意義

信度的意義

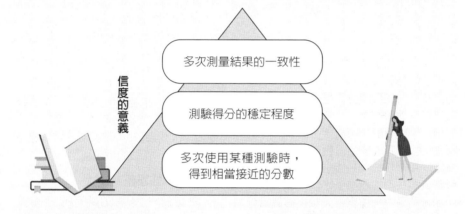

多次測量結果的一致性

測驗得分的穩定程度

多次使用某種測驗時，
得到相當接近的分數

信度的特性

信度是測量的結果，不是指測驗工具本身

信度的估算是針對特定類型：視用途而定

信度是效度的必要條件，而非充分條件

當信度偏低時以加題或刪不良試題來提高信度

Unit 2-7
測量的誤差

　　測量係對個體行為或特質予以「數量」描述的歷程，描述結果若與個體真實的行為或特質產生誤差，此差距稱之為「測量誤差」（error of measurement）（李坤崇，2006）。古典測驗理論也被稱為真實分數理論（true score theory），主要是建立於簡單的線性函數假設：$X = T + E$，其中 X 為實得分數或稱可觀察分數（observed score），T 為真實分數（true score），E 為誤差分數（error score）。當我們在施測時，所測得的分數是受測者真實分數與誤差分數的總和（余民寧，2017；郭伯臣、吳慧珉、陳俊華，2012）。實際上，受試者的真實分數或真正能力是無法直接測量的，只能由測量到的實得分數或觀察到的能力去推估。在單獨一次測量結果中，由實得分數扣掉真實分數後，所剩下的部分即為誤差分數。從測量的誤差來看，信度是測量誤差大小的程度，一個測驗的信度在於表示經過兩次或多次施測，測驗分數是否前後一致，任何一種測量總有或多或少的誤差，誤差愈小，則信度愈高，誤差愈大，則信度愈低（徐台閣，1993）。

　　當教師在進行評量時，單獨一次測量所得到的實得分數，總會與真實分數之間產生一段差距，這段差距稱為「誤差」（error）（余民寧，2017）。導致誤差的原因很多，一般將測量誤差的來源分為系統性誤差及非系統性誤差，以下分別說明之（余民寧，2017；徐台閣，1993；張紹勳，2008）：

一、系統性誤差

　　只要有使用測量工具，難免就會出現系統性誤差，大部分的誤差是系統性的，所以系統性誤差也被視成常數性誤差（constant error）或偏差性誤差（biased error），也就是固定的、一致的、可預期的高估或低估分數。誤差的來源除與測量工具有關之外，尚與學生的學習、訓練、遺忘、生長等因素有關，例如：在編製測驗或評量時所選的題目偏難或偏易、決定測量時間太少或太多、測驗的正確答案錯誤、測量前教師對學生施予密集訓練，以及測量時間與教學時間相距太久等因素，均可能產生系統高估、低估的現象。

二、非系統性誤差

　　非系統性誤差又稱隨機性誤差（random error），則不是一種常數性誤差，是以隨機的、沒有規則和不可預測方式，在不同情境中，隨時影響不同學生的測驗得分。隨機性誤差來自下列五種因素：1.受測者誤差，如學生的動機、情緒、態度意願等；2.情境因素，如教室的通風、溫度、燈光、桌椅高低、或噪音等；3.施測者誤差，如主試者的指導說明、音量、違反施測程序等；4.資料的分析處理之影響，如改錯、輸入錯誤等；5.系統性誤差，即上述測驗工具所產生的誤差，如試題語意不清等。

誤差與信度關係

X_0（觀察值）= X_T（實際值）+ X_S（系統誤差）+ X_R（隨機誤差）

$\rightarrow X_0 = X_T + X_E$（誤差分數）

$\rightarrow$ 觀察值之變異數 = 真實值之變異數 + 誤差值之變異數

$\rightarrow Var(X_0) = Var(X_T) + Var(X_E)$

$\rightarrow$ 信度（r_{xx}）$= \dfrac{Var(X_T)}{Var(X_0)}$

資料來源：張紹勳（2008）。

測量誤差的來源

系統性誤差

- 與測量工具有關，例如：題目偏難或偏易、測量時間太少、測驗的答案錯誤
- 與學生的學習、訓練、遺忘、生長等因素有關

非系統性誤差

- 受測者誤差，如學生的動機
- 情境因素，如教室的燈光
- 施測者誤差，如主試者的指導說明
- 資料的分析處理之影響，如改錯
- 系統性誤差，如測驗工具所產生的誤差

Unit 2-8
再測信度與複本信度

當教師在自編成就測驗，或是發展一項量表時，就需要推估出信度係數。依據古典測驗理論的說明，信度即被定義為真實分數的變異數（S_t^2）與實得分數的變異數（S_x^2）之比率，但是由於真實分數是未知的，必須由實得分數中去推估才能得知。常模參照測驗與標準參照測驗所用的推估方法不同，前者常用的推估方法有再測法（test-retest method）、複本法（alternate-forms method）、內部一致方法（internal consistency method）和評分者方法（scorer method）。後者常用的方法有百分比一致性和Kappa係數兩種，本單元先探討再測信度與複本信度的估計方法（余民寧，1992，2017；葉重新，1989b，2017）：

一、再測信度

再測信度（test-retest reliability）是使用再測法所推估出的信度係數，即以相同一份測驗或量表，於不同時間對相同學生重複測量兩次，再根據兩次分數求得的相關係數。例如：有一個數學測驗在星期一及下個星期一連續對25名學生施測，這兩組分數間的相關是.96，因此可以說這個測驗是相當可靠的，其前後兩次測驗結果的穩定性高。

在假設其他影響信度估計的因素不變的情況下，具有高再測信度的測驗或量表的測量結果的可靠即值得信賴。然而在大多數情況下，尚受到許多因素的影響，以致再測信度不是一項令人滿意的估計方法。其主要問題是第二次施測時有記憶或經驗的介入，而信度係數的高低與兩次間隔時間的長短有密切的關係。因此測量誤差主要的來源是不同時間測量所造成，間隔時間愈長，所得到的信度愈低。這種信度適合動作技能方面的測驗，不適合認知和情意方面的測驗。

二、複本信度

複本法要編製兩份測驗（正本、複本），這兩份測驗在試題格式、內容、題數、難度、指導說明語、施測時間等方面都相同，都用來測量相同特質，但試題的文字卻不相同，拿給同一批學生施測，再求得二者的相關係數，稱為複本信度（alternate-forms reliability 或 parallel-forms reliability）。

複本測驗的實施方式有兩種，第一種在同時段連續實施，以此方式求得之複本信度，可顯示出測驗工具所造成的誤差大小。因複本同時實施測驗，受試者及測驗情境在理論上是相等，此複本信度又稱為等值係數（coefficient of equivalence）。第二種是在不同時間實施，求得的複本信度不但可以顯示出測驗內容的誤差量，且可顯示出間隔一段時間後，受試者與測驗情境不同所造成的誤差量，此種信度係數稱為穩定與等值係數（coefficient of stability and equivalence）。

複本法減少了再測法的記憶與練習問題，然其缺點是複本測驗編製不易，且易受到練習的影響。其測量誤差來源，主要是來自試題抽樣所產生的誤差。

信度的推估方式

常模參照測驗

- 再測法
- 複本法
- 內部一致方法
- 評分者方法

標準參照測驗

- 百分比一致性
- Kappa係數

再測信度與複本信度之比較

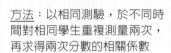

再測信度

複本信度

方法：以相同測驗，於不同時間對相同學生重複測量兩次，再求得兩次分數的相關係數

方法：編製相同特質，但試題的文字卻不相同的兩份測驗，對同一批學生施測，再求得二者的相關係數

缺點：第二次施測時有記憶或經驗的介入，測量誤差主要是來自不同時間測量所造成

缺點：雖減少了記憶與練習問題，但複本測驗編製不易，且受到練習的影響。測量誤差主要來自試題抽樣所產生

Unit 2-9
內部一致性信度

　　再測與複本信度的估計方法有一個共同點，那就是受試者必須進行兩次施測或使用兩份測驗，這不僅增加測驗編製的負擔，更容易造成學生合作意願低落，而影響施測的結果。為簡化這種施測方式且又能兼顧正確估計信度，於是有學者只根據一次測驗結果就來估計信度，這種方式即稱為內部一致性信度（internal consistency reliability）。最常用的內部一致性信度有折半法（split-half method）、庫李法（Kuder-Richardson method）和α係數（coefficient alpha）三種（余民寧，2017）：

一、折半信度

　　用折半法所估計出的信度稱為折半信度（split-half reliability），折半就是只編製一份測驗，但是把題目拆開成兩半，然後將兩半測驗的分數視同兩份同等版本測驗的分數，再求兩半測驗結果間的相關係數。這是假定從一份測驗分開成同等的兩半，仍然符合平行測驗假設，折半信度愈高，表示兩半測驗的內容愈一致或愈相等（李克明，1993）。這種方法的好處是只要施測一次，因此記憶或練習的影響可以減少。將測驗分為對等兩半，最常用的方法是奇偶切分法（odd-even division method），也就是一半為奇數題，一半為偶數題。然而因為測驗題目減半，會低原來試題長度的測驗信度，這時可以利用史布公式（Spearman-Brown formula）加以校正，其中史布公式如下（葉重新，2017）：

$$r_{xy} = \frac{nr}{1 + (n-1)r}$$

r_{xy} 表示估計的信度，r 表示原測驗的信度，n 表示測驗加長或減短的倍數。

二、庫李信度

　　用庫李法（Kuder-Richardson method）所估計的內部一致性信度稱為庫李信度（Kuder-Richardson reliability），這個方法不必將測驗分成兩半，且適用於間斷或二分計分法的試題，例如：是非題。庫李法的測量誤差，主要是來自測驗內容的抽樣誤差，尤其是受到抽樣內容的同質性（homogeneity）或異質性（heterogeneity）程度的影響很大。以庫李法求得的信度係數，通常比折半信度為低，兩者之差可作為測驗題目異質性的指標，據以判斷測驗內容的同質性。庫李公式有20號及21號，20號最為常用，當測驗題目的難度有很大的不同，兩個公式的信度差距會變大（簡茂發，1993）。

三、α係數

　　α係數是從庫李20號公式（Kuder-Richardson formula 20, KR$_{20}$）發展出來的，對於不是對或錯的二分計分法無法適用庫李信度，而是要使用克朗巴哈（Cronbach）的α係數，心理與教育研究使用的態度或人格測驗，通常會採用「李克特氏五點評定量表」，即可使用α係數估計出測驗的信度係數。目前實徵研究中被運用最多的信度是α係數，可以透過統計軟體SPSS或 SAS很容易地估計出α係數（涂柏原，2020）。

內部一致性信度的定義

再測與複本信度 —— 須進行兩次施測或使用兩份測驗 | 增加測驗編製的負擔，或造成學生合作意願低落

內部一致性信度 —— 簡化施測方式且又能兼顧正確估計信度 | 只根據一次測驗結果就可以估計出信度的高低

內部一致性信度的三種類型

折半信度

- 把題目拆開成兩半，例如：一半偶數題，一半奇數題
- 因為測驗題目減半，會低估原來試題長度的測驗信度

庫李信度

- 不必將測驗分成兩半
- 適用於間斷或二分計分法的試題，例如：是非題
- 測量誤差主要是來自測驗內容的抽樣誤差

α 係數

- 從庫李20號公式發展出來的
- 李克特氏五點評定量表適用此方法推計測驗的信度係數

Unit 2-10
評分者信度

前兩單元的信度估計方法都是適用在客觀測驗的評分方式，不會受到評分者主觀判斷的影響，但是與學生表現有關的實作評量，如成果發表、藝術作品、體操、試教、寫作、實驗操作等，很容易受到評分者的主觀判斷而影響到分數的高低。如果教師採用觀察法、分組報告、口試、寫作等方式進行評量，評分結果難免會受到評分者的主觀判斷與好惡的影響，而導致評分者的誤差存在，為求公平公正，通常會邀請多位評定者（raters）來評分，然後計算評定者之間（inter-rater）評分的一致性。這時需要採用評分者信度（scorer reliability或 inter rater reliability）來估計評分者評分結果的一致性，如果一致性高，表示評量結果的可靠性高（周新富，2016；謝廣全、謝佳懿，2019）。

一、評定方法

估計評分者信度最常用的方法，就是教師從主觀測驗中抽取一些樣本試題，再單獨由兩位或多位評分者加以評分，然後根據所評定的結果分數來求相關係數，此相關係數即為評分者間信度係數（余民寧，2017）。例如：某校舉辦作文競賽，擬聘請三位教師擔任評審，為彰顯該競賽的公正性，主辦單位隨機抽取相當份數的作文試卷，由三位評分者依據評分規準分別給分，然後根據每份試卷的分數估計評分的一致性，再公布評分者間信度的數值是多少。當評分者只有兩位時，評分者信度係數可以使用斯皮曼（Spearman）的等級相關係數來計算；當評分者為三位以上時，則改採用肯德爾和諧係數（Kendall coefficient of concordance）來求評分者信度。

二、提高信度的方法

由於實作評量計分屬主觀型計分，評分者給分一致性的程度是大眾能否接受實作評量的關鍵性要素，目前研究均提出降低評分者誤差或提高評分者一致性的方法有二：1.編製具效度的評分規準；2.規劃嚴謹的評分者訓練。近期的研究也的確支持這兩項方法可提高評分者一致性或降低評分者誤差的變異至一個相當低的比例（張麗麗、羅素貞，2007）。

此外，尚有以下兩種方法可提高評分者一致性的方法：1.多請幾位評審獨立評分，並將數位評審所評分數或等級，計算平均分數或平均等級作為受試者最終成績。2.捨棄每一位該樣本受試者最高與最低兩個等級或分數，然後計算平均值做代表，可修正太寬或太嚴的機會。目前國際性體育競賽，許多運動項目都採用這個方式。國內重要考試的論文題及作文的成績，也都明定兩位評分者給分相差太大，例如：10分或15分，就必須調整。考量評定者間評量一致性，可以避免評量者太過鬆或太嚴格，同時防止受試者被置於相同不利的情境。

評分者信度定義

評分者信度定義

適用於成果發表、藝術作品、寫作等實作評量的評分，因容易受到評分者的主觀判斷而影響到分數的高低

為求公平公正，通常會邀請多位評定者來評分，然後計算評定者之間評分的一致性

評分者信度的估計方式

評分者間信度係數

兩位評分者 — 使用斯皮曼等級相關係數來計算

評分者為三位以上 — 採用肯德爾和諧係數來計算

提高評分者信度的方法

1.編製具效度的評分規準

2.規劃嚴謹的評分者訓練

3.多請幾位評審評分，再計算平均分數或平均等級作為最終成績

4.捨棄最高與最低兩個等級或分數，然後計算平均值

Unit **2-11**
標準參照測驗的信度

標準參照測驗的目的是在依據一項標準，評量學生是否精熟，而不是在區分成就水準，故測驗分數的變異性就變得很小，如果所有受試者都已達到了精熟的水準，則測驗分數之變異性接近零。在此情況之下，不適合採用傳統的常模參照的相關法來估量其信度。在常模參照的測驗理論中，使用測驗者特別重視測驗分數之精確性，標準參照亦然，亦即測驗分數之誤差愈小愈佳。但標準參照亦重視決定精熟與否的精確性（余民寧，2017；葉重新，1989b）。標準參照測驗的信度包含百分比一致性（percent agreement, PA）和柯恒的K係數（Cohen's Kappa coefficient, K）。以下分別說明之：

一、百分比一致性

在標準參照測驗中，使用複本法分析信度時，有一種簡單的統計方法，分析將受試者分為精熟或非精熟時是否一致，即稱百分比一致性，又稱為符合度，並用百分比之和來表示。當分類的決定愈一致時，即表示所採用的分類標準（即標準）很適當，所使用的標準參照測驗具有較高的係數（葉重新，1989a）。根據學生在兩個測驗均達到精熟人數的百分比，加上均未達到精熟人數的百分比，可以求得分類決定的一致性。其公式如下：

$$P_A = \frac{a}{N} + \frac{d}{N} = \frac{a+d}{N}$$

a表示兩個測驗均達精熟的人數，d表示兩個測驗均未達到精熟的人數。

例如：以國文科成就測驗正本與複本，分別對 100 名學生施測，或是僅使用同一測驗，分別進行前後兩次施測，每次決定以答對80%的試題數作為精熟的標準，其結果如右頁下表所示，經計算之後，其百分比一致性為.80，也就是該數學成就測驗的信度係數為.80（余民寧，2017）。

二、K係數

K係數是柯恒（Cohen）所提出的評分者信度指標，適用於類別或名義量尺的統計指標，例如：將測量結果分為及格與不及格、精熟或非精熟。K係數需要測量兩次，比較的是兩種不同工具在重複測量，或同一種工具不同時間測量分類結果的一致性。K係數的計算是要從P_A中除去團體成分（Pc）的機會影響，以估計由測量程序所造成的決定的一致性（王文心，2002）。其公式如下：

$$K = \frac{P_A - P_C}{1 - P_C}$$

$$P_C = \left(\frac{a+b}{N} \times \frac{a+c}{N}\right) + \left(\frac{c+d}{N} \times \frac{b+d}{N}\right)$$

以右頁下表的資料代入公式，算出K值為0.52，若大於.75則表示有很好的一致性，小於.40則表示信度不佳，介於二者之間為中等（Hunt, 1986）。

標準參照測驗信度的估計方法

```
標準參照測驗信度        百分比一致性        使用複本法分析信度時，判
的估計方法                                斷受試者分為精熟或非精熟
                                          是否一致

                      K係數              比較兩種不同工具在重複測
                                          量，或同一種工具不同時間
                                          測量分類結果的一致性
```

百分比一致性及 K 係數的計算例子

		測驗甲（或前測）		
		精熟	非精熟	
測驗乙（或後測）	精熟	60 a	5 b	65（a+b）
	非精熟	15 c	20 d	35（c+d）
		75 (a+c)	25 (b+d)	100（N）

$$P_A = \frac{60}{100} + \frac{20}{100} = \frac{80}{100} = 0.80$$

$$P_C = (\frac{65}{100} \times \frac{75}{100}) + (\frac{35}{100} \times \frac{25}{100}) = 0.575$$

$$K = \frac{0.80 - 0.575}{1 - 0.575} = 0.52$$

資料來源：余民寧（2017，頁312）。

Unit 2-12
信度的應用與解釋

信度並非全有或全無的概念，而是程度之高低。古典測驗理論將信度定義爲平行測驗之相關係數，根據此項定義，同一份測驗重複施測之相關係數可視爲平行測驗之相關，也就是信度估計值。另外，如果能夠發展兩份複本測驗，那二者之相關係數也是信度估計值。實際發展測驗時，很少有可能發展多套複本測驗，也不是很容易進行重複施測，而且重測之相關會受很多其他無關因素之影響，因此大多數測驗所提出之信度，都是根據單一測驗所有試題的共變數矩陣所估計之內部一致性信度（蔡佩圜、涂柏原、吳裕益，2018）。

一、影響信度的因素

任何一個測驗或多或少都會有誤差存在，其誤差是隨機波動的，隨機誤差之變異數愈大，測驗結果的信度就愈低。信度係數也會因所採的信度估計指標之不同而得到不同的信度估計值。同一份測驗也會因施測對象在所測量特質之分布狀況不同，而得到不同的信度估計值（蔡佩圜等，2018）。通常信度的高低受到以下因素的影響：1.測驗題目多寡，題目愈多，信度愈高；2.團體變異量，異質團體比同質團體有較高的信度；3.試題難易，試題太簡單或太難則信度偏低，難易適中的試題信度會比較高；4.計分方式，選擇題等客觀的題目信度愈高；5.信度的估計方法（葉重新，2016）。以寫作測驗的評分者信度估計方法爲例，通常包含：評分一致率、評分者間相關，以及類推性理論等三種方法，其中又以類推性理論爲最佳（王德蕙、李奕璇、曾芬蘭、宋曜廷，2013）。

二、信度的解釋

假設有一個測驗的信度係數爲.90，這一個數值顯示在該測驗中有90%的變異是來自真正分數上的變異數，其測量誤差所占的比率爲10%，因此我們可以認爲該測驗有相當高的穩定性與可靠性（葉重新，2016）。通常在使用各種測驗時，常會遇到信度應該要多高的問題，事實上，這個問題沒有標準答案，通常信度愈高表示測驗的可靠性愈大，因此信度愈高愈好，但是有時仍要看測驗的使用目的而定。一般而言，標準化的成就測驗要達.85以上，教師自編測驗通常在.6-.85之間，智力測驗通常大約有.85或以上，人格測驗和興趣量表的信度通常較低，大約在.70-.80左右，而在進行心理與教育研究所編製的量表，如果達到.80以上即可接受。對於測驗的應用，信度.90以上可視爲高度信度，.80以上爲中高信度，.70爲低信度，低於.60爲不可接受的信度水準（郭生玉，2016；Linn & Miller, 2005）。

影響信度的因素

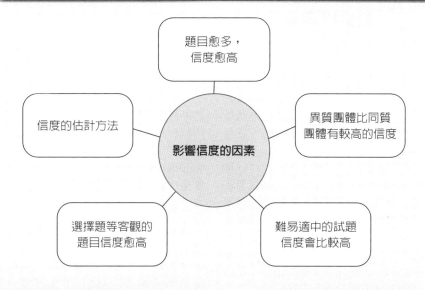

信度係數的解釋

信度係數	可信程度
信度 .90以上	高度可信度
信度 .80-.89	中高可信度
信度 .60-.79	低可信度（尚可接受）
信度 .60以下	不可接受的信度

不同測驗類型可接受的信度係數

測驗類型	可接受的信度係數
標準化成就測驗	.85以上
教師自編測驗	.60-.85之間
智力測驗	.85或以上
人格測驗和興趣量表	.70-.80左右
研究所編製的量表	.80以上

Unit 2-13
測量標準誤

測量標準誤（standard error of measurement, SEM）也可以表示測驗的信度，又稱為分數的標準誤差，但測量標準誤比較適合解釋個人的分數，且可由測驗的信度係數來計算，如此可以推測出個別分數誤差的範圍。就心理計量學的原理來說，受測者接受某測驗無限多次的測量，其所測得分數的平均數就是其真實分數。可是在許多次重複測量中，會含有機會誤差因素在內，因此受測者所得的實得分數是真實分數與測量誤差之和，經過無限多數的施測，實得分得會形成常態分配，常態分配的平均數就是真實分數；而這個常態分配的標準差，會與由誤差分數所形成的常態分配的標準差相等，這個數值即稱之為測量標準誤。當信度等於1時，測量標準誤為0；當信度等於0時，測量標準誤為1。測量標準誤與信度呈現反比關係，當測驗結果的信度係數愈高，測量標準誤的值就愈低。

一、測量標準誤與真實分數的關係

測量標準誤的計算公式如下：

$$SEM = S_x \sqrt{1 - r_{xx}}$$

S_x表示測驗的標準差（SD），r_{xx}表示測驗的信度（葉重新，2016；涂金堂，2009）。為推估真實分數，我們以實得分數作為常態分配的平均數，若在加減一個測量標準誤的情形下，即（X±SEM），就可以推測大約68%的真實分數會落在這個區間。同樣的，若在加減兩個測量標準誤的情形下，即（X±2SEM），就可以推測大約95%的真實分數會落在這個區間。若在加減三個測量標準誤的情形下，即（X±3SEM），就可以推測大約99.7%的真實分數會落在這個區間。所以解釋個別分數時常以觀察分數加減一個測量標準誤，稱為「信賴區間」（confidence interval），並說明真實分數會落在此一區間的機率是0.68。

二、實際應用

假設甲生國文成就測驗考93分，如果成就測驗的標準差為4，信度為0.75，藉由公式可以算出國文成就測驗的測量標準誤為2。甲生真實分數有68%的機率介於上下一個SEM，即91-95分之間。真實分數有95%的機率介於89-97分之間；99.7%的機率會介於87-99分之間（涂金堂，2009）。再舉一實例說明這個公式的應用：小強的智力測驗量表的得分為105，測驗的信度為.91，團體分數的標準差為16，則測驗結果的測量標準誤為$16 \times \sqrt{1 - .91}$=4.8。由此推估小強真實智力測驗得分落在100.2-109.8的機率有68%，落在95.4-114.6區間的機率95%，落在90.6-119.4的機率有99.7%（吳明隆，2021）。

信度係數容易受到團體異質性的影響，但測量標準誤較不受影響，異質性大的團體有較高的信度及標準差，由於測量標準誤同時受到信度與標準差的影響，兩相抵銷的結果使得測量標準誤較不受團體異質性的影響。但是測量標準誤有一個缺點，就是假設所有的個體其測量標準誤都相同，事實上，分數特別高或特別低的人，其測量標準誤大於分數中等者（王文中等，2007）。

信度係數與測量標準誤的關係

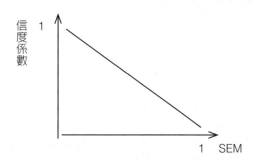

測量標準誤與真實分數（平均數）的關係

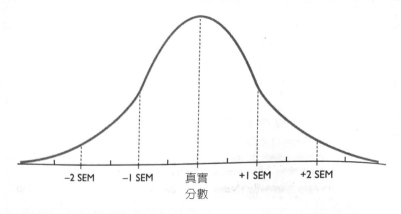

資料來源：Salvia, Ysseldyke, & Witmer (2017, p. 74)

由測量標準誤推估真實分數的信賴區間

測得分數	測量標準誤	真實分數的可能數值	真實分數的信賴區間
93	±1SEM	91-95	68%的機率
93	±2SEM	89-97	95%的機率
93	±3SEM	87-99	99.7%的機率

資料來源：涂金堂（2023，頁206）。

Unit 2-14
效度的定義與特性

效度（validity）的概念可以協助教師評鑑測驗的好壞，好的測驗除要有高信度外，效度的證據也是一項重要指標。教師在編製一份試題樣本具有代表性的成就測驗時，除了要能反映出教學目標或重要的教材內容外，也要能準確地測出學生的學習結果，因此教師需要了解效度的涵義與應用。以下介紹效度的定義與特性（吳宜芳、鄒慧英、林娟如，2010；周新富，2016；Airasian, 2000）：

一、效度的定義

效度的英文是指法律的效力，在測驗是指一項測量工具是否能真正測量出所欲測量事物的特質或功能的程度；換句話說，效度的判別是將測量結果用來解釋測量主題的適切程度，而非測驗本身或測驗分數的特質。而效度又可以在不同的範疇裡提到，例如：測量工具本身的效度、研究設計上的效度（如內外在效度）、分析推論上的效度（即樣本結果能推論到母群的程度）等。效度在評量上通常是指測驗分數的正確性，假如教師要測量學生在歷史的學習結果，那麼測驗項目中就不能包含不屬歷史的主題，例如：物理、化學，否則這個測驗會被認為是低效度。效度是科學測量工具最重要的必備條件，一項測驗如果沒有效度，無論其具有其他任何優點，都無法發揮出真正的功能，所以選用某種測驗或自行編製測驗必須先評定效度。

二、效度的特性

在使用測驗時，先能充分了解效度的特性是十分重要的，效度的特性如下：

（一）效度無法直接測量，但可從其他資料推論

效度是蒐集測驗結果，再以這些資料為證據而推論出效度值的高低，因此測驗的效度並不是指評量工具本身，而是指評量結果的解釋和使用的效度。

（二）效度是程度的問題，並不是全有或全無

對於評量的效度，應該避免說某一評量是有效或無效的，因為效度不是全有或全無，而應以程度來表示，例如：說某一評量具有高效度、中效度或低效度。

（三）效度是有特定性的

任何評量不可能適用於所有目的，因此效度是依據測驗的特定目或測驗結果的解釋。例如：數學成就測驗的成績可能在解釋計算技巧的效度上很高，但解釋數學推理能力的效度很低，而在預測藝術的表現則全無效度。

（四）從效度的整體性來判斷評量是否與預期的結果相符合

效度雖然可由不同的證據來推論出不同的效度，但目前將效度視為整合內容、效標、建構等證據的單一性概念，需要同時呈現上述效度的考驗結果。使用者依據效度資料，判斷評量是否能夠達到其預期的結果，例如：是否能客觀呈現學生的學習成就、是否有助於學生了解自己的學習狀況等。

效度的定義

効度的定義

一項測量工具是否能真正測量出所欲測量事物的特質或功能的程度

將測量結果用來解釋測量主題（例如：數學推理能力）的適切程度

效度的特性

1. 效度無法直接測量，但可從其他資料推論

2. 效度是程度的問題，並不是全有或全無

3. 效度是有特定性的，例如：特定目的或結果

4. 從效度的整體性來判斷評量是否與預期的結果相符合

效度的種類

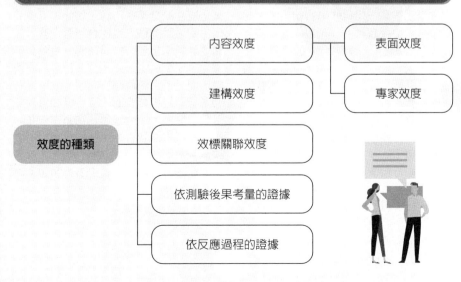

效度的種類
- 內容效度
  - 表面效度
  - 專家效度
- 建構效度
- 效標關聯效度
- 依測驗後果考量的證據
- 依反應過程的證據

Unit 2-15
內容效度與表面效度

測驗的效度具有多種類型，可分別由測驗內容、內在結構、與其他變項的關係、測驗的結果（consequences），以及反應的過程等五方面來獲得效度的證據。傳統上，效度只從內容、構念及效標三方面的證據來區分效度的類別，並未考慮到評量結果及反應的過程（葉重新，2016）。本單元先就內容效度和表面效度說明之。

一、內容效度

內容效度（content validity）或稱內容關聯效度（content-related validity），是指測驗試題樣本的內容是否與教學目標、教材代表性或適當性具有關聯的一種指標。例如：教師給學生作一份國語文成就測驗，若該測驗的試題涵蓋國語文教學所要達成的各項教學目標及教材的重要內容，則該測驗即具有國語文的內容效度。教師自編成就測驗特別注重內容效度，其主要目的在測量學生在某一學科的學習結果，因此試題必須切合教材內容，並依據教學目標及命題原則來編製。命題者要以雙向細目表（table of specification）為架構，且其架構要能顧及教材內容與教學目標，教師若依此來命題，則會有較高的內容效度。因驗證內容效度必須對測驗內容進行詳細的邏輯分析與比較，故又稱為邏輯效度（logical validity）。所用的邏輯分析法是由該領域的教師或專家，經由比較及判斷每項試題是否符合教學目標與教材內容，如果相互符合，同時試題對教材內容具有代表性，則稱該測驗具有高度的內容效度。常用到的專家效度（expert validity）即屬內容效度的一種，是邀請與學科或所要測量構念領域有關的專家學者，評估測驗題目的適切性（葉重新，2017；涂金堂，2009；周新富，2016）。

二、表面效度

由評量的內容會延伸出一種「表面效度」（face validity），這是效度的基本形式，指測驗在採用者或受試者主觀上覺得有效的程度，但不能算是一種真正的效度指標。通常表面效度指的是測量工具外在型式上的有效程度，如問卷或評量中題目的遣詞用字、問題型式、字體、大小是否合宜等。當受試者在閱讀測驗的題目時，要讓受試者覺得這些題目看起來像所要測量的主題，但有可能測驗的內容並未配合教學目標，但受試者在主觀上認定這個測驗是適當的，而願意專心地作答。因此表面效度只是從測驗的表面來看是有效的，但是缺乏系統地邏輯分析。測驗必須讓學生看起來是要在測量某些內容，如此才可提高學生的考試動機，也才會認真作答。假如教師給學生看一幅墨跡圖，說要測量智力，學生必定不會相信墨跡可以測智力，而且不會認真回答問題，故用墨跡測量智力是不具表面效度。但如果教師用數學問題、字彙應用及物體在空間的排列問題來測量智力，學生就會相信這項測驗在測量智力，而且會認真作答（胡龍騰、黃瑋瑩、潘中道，2010；周新富，2016）。

內容效度的意涵

內容效度	測驗試題樣本的內容是否與教學目標、教材代表性或適當性具有關聯的一種指標
	教師若依「雙向細目表」來命題，則會有較高的內容效度
	專家效度即屬內容效度的一種，是邀請專家學者評估測驗題目是否與學科或構念相適切

雙向細目表的格式

教材 ＼ 試題 ＼ 目標		記憶	了解	應用	分析	評鑑	創作	合計
活動一：水中生物的生長環境（四節課）	是非題	8(4)*						8
	選擇題							0
	填充題							0
	配合題		12(6)					12
	做做看							0
	簡答題							0
	小計							20

資料來源：李坤崇（2006，頁68-69）。

　*：8(4)表示配分為8分，共有4題。

表面效度的意涵

表面效度的意涵

指測驗在採用者或受試者主觀上覺得有效的程度，但不能算是一種真正的效度指標，缺乏系統地邏輯分析	通常指的是測量工具外在型式上的有效程度，如問卷或評量中題目的遣詞用字、問題型式、字體、大小是否合宜等

Unit 2-16
建構效度

建構效度（construct validity）或稱構念效度，指測驗能夠測量到心理學或社會學的理論構想或特質的程度，這種構想或特質是屬於抽象概念，例如：心理學上的概念有情感、智力、人格特質等，其他領域如品牌忠誠度、閱讀理解能力等（謝廣全、謝佳懿，2019）。理論是一個邏輯上合理化的解釋，能說明一組變項間的互動關係，當我們依據以不同種類的理論來編製測驗時，即可以此效度驗證該測驗與理論的符合程度，例如：某智力測驗測得的結果，如果與該測驗所依據的智力理論相符合，那麼這個智力測驗就具有建構效度（周新富，2016）。

一、驗證的方法

通常建構效度的建立都要經過一定的步驟和過程來完成，並且都已經被視為發展測驗工具的標準化程序。首先是依據理論來編製問卷，接著實施預試，等蒐集資料之後進行統計分析，無論是內容關聯效度或效標關聯效度，均可用來作為支持建構效度的證據，其驗證方法有以下幾項（郭生玉，1997；余民寧，2017；謝廣全、謝佳懿，2019）：

（一）內部一致性分析

即以測驗的總分計算與個別題目得分的相關，相關係數較高的題目代表優良的題目，應予以保留，其餘淘汰。

（二）極端組比較法

選取分數的總分最高的27%與最低的27%形成高分組與低分組，再以t檢定比較兩組平均數是否有顯著差異。

（三）因素分析法

以統計學的因素分析法（factor analysis）進行試題的共同因素探討，主要目的在將因素結構簡化，希望能以較少的共同因素，對總變異量做最大的解釋量。

（四）多特質－多方法矩陣

多特質－多方法矩陣（multitrait-multimethod matrix）的分析，可以驗證聚斂效度（convergent validity）與區別效度（discriminant validity）。如果自編國文成就測驗與在校學業成績的相關聯性很高，我們稱為有良好的聚斂效度，自編國文成就測驗與空間推理能力低相關或沒有相關性，則稱為良好的區別效度。

二、建構效度的應用

雖然建構效度常用在測量理論性的構念，但構念代表不足，以及與構念無關的變異也可適用到成就測驗及教師自編測驗。例如：當教師針對天氣此一單元進行命題時，先要設計出雙向細目表，考慮到效度的內容基礎時，就必須處理構念代表性不足的問題，如果在評量中缺少有關雲的知識和理解的試題，這樣評量的效度即產生問題。在構念無關變異對效度的危害方面，應該要想到次要技巧對學生表現所造成的影響。例如：數學科的評量上，閱讀能力不是評量所要測量的主要特質，數學題目如果文字太多，對於閱讀困難的學生，將測不出其數學能力（王文中等，2007；涂金堂，2009）。

建構效度的定義與應用

定義

指測驗能夠測量到心理學或社會學的理論構想或特質的程度，構想或特質屬於抽象概念

例如：心理學上的概念有情感、智力、人格特質等

判讀

建構效度的建立都要經過標準化程序，例如：項目分析、因素分析等

無論是內容關聯效度或效標關聯效度，均可用來作為支持建構效度的證據

應用

在心理與教育研究方面，要檢驗量表的構念是否與理論相符合

在教師自編測驗方面，要考慮到測驗內容是否有構念代表性不足的問題，因此，先要設計出雙向細目表

建構效度的驗證方法

內部一致性分析

- 以測驗的總分計算與個別題目得分的相關

極端組比較法

- 以總分最高的27%與最低的27%形成高、低分組
- 再以 t 檢定比較兩組平均數是否有顯著差異

因素分析法

- 以因素分析法進行試題的共同因素探討
- 簡化因素結構，並使總變異量最大化

多特質—多方法矩陣

- 驗證聚斂效度與區別效度
- 例如：國文成就測驗與在校學業成績的相關聯性很高，表示有良好的聚斂效度
- 國文成就測驗與空間推理能力低相關或沒有相關性，表示有良好的區別效度

Unit 2-17
效標關聯效度

效標關聯效度（criterion-related validity）是指以實證分析方法探究測驗分數與外在效標關聯性的指標，因此又稱為統計效度（statistical validity）。所謂外在效標（external criteria）即是指測驗所要預測的某些行為或表現標準，例如：學業成就、評定成績、實際工作表現、特殊訓練的表現，以及現存可用的測驗等。如果學生的測驗分數與外在效標的相關係數愈高，即表示效標關聯效度愈高，表示測驗分數愈能有效解釋及預測外在效標行為（葉重新，2016；李茂興譯，2002）。

一、效標關聯效度的種類

效標關聯效度可分為同時效度（concurrent validity）及預測效度（predictive validity），以下分別說明之（葉重新，2016；李茂興譯，2002；周新富，2016；郭生玉，1997）：

（一）同時效度

同時效度指測驗分數與外在效標的取得約在同一時間內，或取得的時間差距很小，再求得二份測驗的相關係數。例如：「三年級數學成就測驗」已使用多時，但施測時間費時60分鐘，某教師發展一份只須施測20分鐘的「精簡版三年級數學成就測驗」，教師對同一群學生施測二種版本的測驗，並且計算出兩個測驗分數間的相關。如果有高相關，則此精簡版測驗具有良好的同時效度。在取得同時效度的外在效標，不必花費時間等待，其目的主要在探討新的測驗與其他測驗之間的關係。

（二）預測效度

預測效度是指測驗能預測受試者未來某項行為的程度，通常測驗分數與外在效標的取得是相隔一段時間，測驗分數的取得在先，外在效標在後，然後計算二項資料的相關係數即代表該測驗的預測效度。例如：學術性向測驗（SAT）常被用來決定一個人是否應該進入大學就讀，如果它能有效預測一個人在大學就讀的成功，則它是一個好測驗。測驗用於職業或教育上的人員選擇、分類和安置時，最應考慮預測效度，例如：選擇學生入學。性向測驗、智力測驗或成就測驗，都很需要預測效度，因為這些測驗分數常被用來預測未來學習的成就或工作的成績。

二、使用效標注意事項

在進行效標關聯效度考驗時，常遇到的問題是如何獲得適當的效標資料，適當的效標具有四項特性：適切性、可靠性、客觀性及可用性。因此在使用解釋效標關聯效度時要注意以下事項（謝廣全、謝佳懿，2019）：

1. 留意外在效標的適用性，勿選擇教師自編成就測驗或其他欠缺信效度的外在效標。
2. 考量受試母群的性質，例如：高中英文成就測驗所建立的效度，並不適用於高職學生。
3. 建立不同的效標關聯效度，例如：針對城鄉、性別、少數族群等不同團體，建立效標效度，以提高預測的效率。

效標關聯效度的定義

定義 ── 以實證分析方法研究測驗分數與外在效標之間的關聯性

外在效標 ── 指測驗所要預測的某些行為或表現標準，例如：學業成就、實際工作表現等

效標關聯效度的種類

```
效標關聯效度的種類
├── 同時效度
│    ├── 測驗分數與外在效標約在同一時間內取得，再求得兩項測驗的相關係數
│    └── 主要在探討新的測驗與其他測驗之間的關係
└── 預測效度
     ├── 指測驗能預測受試者未來某項行為的程度，外在效標的取得是相隔一段時間，再計算二項資料的相關
     └── 通常用來預測未來學習的成就或工作的成績
```

使用外在效標的注意事項

適當的效標具有四項特性：適切性、可靠性、客觀性及可用性	勿選擇教師自編成就測驗或其他欠缺信效度的外在效標	考量受試母群的性質	針對城鄉、性別、少數族群等不同團體，建立不同的效標關聯效度

Unit 2-18
後果效度及依反應過程的效度

傳統上在驗證測驗的效度，均只考慮到內容效度、建構效度或效標關聯效度，對於測驗或評量結果的解釋與應用，到底造成何等的結果，很少有人特別予以考量，因此有關依測驗後果（consequences）考量的證據愈來愈受重視。而學者也強調效度的證據需要超越內容上的代表性，進一步考驗受試者在題目上的反應歷程（王文中等，2010；謝廣全、謝佳懿，2019）。本單元分別探討這兩項效度。

一、後果效度

評量方式的使用及評量結果的解釋，都會造成一些長期或是短期的影響，有些是預期計畫好的，有些則是非預期，例如：升學考試制度造成明星學校及補習的盛行（王文中等，2010）。針對評量所可能造成的後果而進行的邏輯分析，稱為後果效度，這種效度概念延伸到考量使用和解釋評量後所可能導致的後果。例如：當對十二年級學生的閱讀評量發現某位學生只具有五年級的閱讀水準，這時教師要如何因應？如果校方提供有效的補救教學，這樣的評量結果即得到正向效果。有時候評量的使用會導致負面的效果，例如：目前選擇題為主的標準化成就測驗受到廣泛使用，很容易造成窄化教學的現象，教師可能只教測驗要考的部分，甚至僅強調記憶力的教學，學生問題解決能力的培養即被犧牲。因此在分析這方面的證據時，教師必須要思考以下問題：評量是否能用來改善學生的學習？評量是否與重要的學習目標相配合？評量能否激勵學生努力用功？評量是否阻礙學生探索和創造力的表現（涂金堂，2009）？

二、依反應過程的效度

評量並非僅看測驗分數，分析作答者反應亦為驗證評量效度的方式之一。施測者可利用此反應來檢驗評量向度是否與受試者所展現出的表現相符合，例如：當某測驗欲測量受試者的數學推理能力時，便應留意受試者於作答時是否展現相關的能力或僅使用基礎的運算能力。施測者可蒐集以下的反應相關資訊：作答策略、對於某些試題的反應、其他的作答反應、不同族群的作答反應等。例如：以眼球移動、放聲思考等方式了解受試者的認知歷程。如果測驗需倚賴觀察者或專家來評定受試者的表現時，評分者是否能以適當的標準來評分，即成為檢驗評量效度的重要根據（王德蕙等，2013；Salvia, Ysseldyke, & Witmer, 2017）。在設計實作評量時，內容證據及反應歷程證據都相當重要，如果一年級的老師出以下的題目：請小朋友說說看媽媽是如何愛你的？雖然反映了內容的代表性，但是不符合反應歷程的代表性，因為一年級學生不了解「如何愛你」，不知該如何回答問題（王文中等，2010）。

新近重視的效度

傳統測驗的效度	新近受到重視的效度
• 內容效度 • 建構效度 • 效標關聯效度	• 後果效度 • 依反應過程的效度

後果效度的定義與應用

定義	針對評量所可能造成的後果而進行的邏輯分析	這種效度的概念延伸到考量使用和解釋評量後所可能導致的後果
應用	分析評量的使用是否會導致負面的效果，例如：採用選擇題為主的測驗，是否會造成窄化教學的現象？或僅強調記憶能力的教學	使用評量須思考以下問題：評量是否能用來改善學生的學習？評量是否與重要的學習目標相配合？

依反應過程的效度

定義	施測者蒐集的反應相關資訊	反應歷程證據舉例
評量並非僅看測驗分數，分析作答者反應即稱為依反應過程的效度	作答策略、對於某些試題的反應、其他的作答反應、不同族群的作答反應	小一的老師請小朋友說說看媽媽是如何愛你的？但是學生不了解「如何愛你」的義意，因而不知該如何回答

Unit 2-19
影響效度的因素

影響效度的因素相當多，通常包含以下六項因素，其中第二至六項影響效度的因素稱外在因素（葉重新，2017；鄒慧英譯，2003；郭生玉，1997；Airasian, 2000; Kubiszyn & Borich, 2007）：

一、測驗或評量本身的因素

這是指測驗或評量本身的品質不佳，因而影響到效度。這些因素包含指導語不清楚、用語太艱澀、題目太難或太容易、作答時間不足、試題太少、題目品質不佳、題目和所測量的能力不符、過度強調簡單的事實記憶性內容等。

二、測驗或評量的實施情況

在實施測驗或評量時，施測情境的因素如燈光、溫度、通風、安靜等，均會影響到效度。此外，施測者對於指導語的說明、時間的限制、給予學生的協助、學生作弊，以及計分的誤差等，都會降低評量的效度。

三、學生的反應

學生的身心狀況也是影響效度的重要因素，有些學生因情緒干擾而影響其表現，例如：考試焦慮、情緒困擾，有些學生因缺乏作答動機而草率作答，這些限制均會降低效度。此外，反應心向（response set）也是一項影響因素，反應心向就是指依照某種反應的型態，對測驗的題目做一致性的反應，例如：有些學生對是非題的答案通通答是。

四、受試團體的特質

測驗與評量均有其適用對象，不同的受試團體會影響測驗結果的效度，例如：將適用普通班的測驗應用到資優班學生。如同信度係數一樣，團體的異質性愈大，則效度係數愈高。受試者在測驗評量上的表現，會因能力、性別、興趣與文化背景之不同而有差異，所以在建構測量項目及進行詮釋時，除須界定欲測量的構念特質外，標的團體的特質也須清楚呈現，避免造成後續使用者在解釋上出現偏差。

五、效標的品質

在進行效標關聯效度時，如果所選的效標不適當，測驗的效度就不能正確的顯現出來，例如：所選的效標與測驗具有相同的性質，則其效度會有偏高的情形；其次，效標的信度及效度也是影響效度的重要特徵，所選的效標應該具有高信度、高效度。

六、評量作業或教學歷程

評量的作業是否適合評量學生的學習狀況，也會影響測驗結果的效度，這點已在前文提及，即評量的內容能否代表所欲測量的構念、評量的後果為何等。而教學歷程的影響，尤其在高層次認知能力的評量時特別明顯，評量中的試題在內容上均具有代表性，但是評量的題目，教師在教學歷程中已教導過及練習過，雖然是在評量高層次的認知能力，但對受試者而言，評量所測得的只是記憶能力。

影響效度的因素

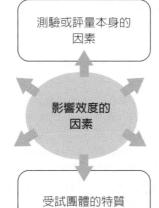

測驗或評量本身的因素

評量作業或教學歷程

影響效度的因素

測驗或評量的實施情況

效標的品質

學生的反應

受試團體的特質

影響效度因素的詳細說明

測驗或評量本身的因素	● 測驗或評量本身的品質不佳 ● 例如:題目太難或太容易
測驗或評量的實施情況	● 施測情境的因素,如燈光、溫度 ● 給予學生的協助、學生作弊亦會影響效度
學生的反應	● 學生因情緒干擾而影響其表現,例如:考試焦慮、情緒困擾 ● 有些學生因缺乏作答動機而草率作答
受試團體的特質	● 測驗與評量均有適用對象,不同的受試團體會影響測驗結果的效度 ● 團體的異質性愈大,則效度係數愈高
效標的品質	● 進行效標關聯效度時,所選的效標不適當,測驗的效度就不佳 ● 所選的效標應該具有高信度、高效度
評量作業或教學歷程	● 評量的作業是否適合評量學生的學習狀況 ● 教學歷程的影響,尤其在高層次認知能力的評量時特別明顯

Unit 2-20
信度與效度的關係

　　由前幾個單元對於信度、效度的探討，我們可以得知信度是指測驗結果的一致性、穩定性及可靠性，信度高表示這個測量工具有高度的可靠度。效度是有效性，指測量工具能夠準確測出所要測量特質的程度，分別可以從測驗的內容、內在結構、外在變項、測驗結果及反應過程得到證據，因而可分為內在效度（internal validity）與外在效度（external validity）兩類，前者即測驗結果的正確性，後者為結果向外推論之廣度。測量工具的信、效度與評量結果的精準性有關，唯有可信且具有效度的測量工具，才能測得誤差小且精準的學習結果。

　　信度與效度之間沒有絕對的相關，信度好，效度有可能不好，反之，效度好，信度也不一定好。在此以右頁上圖來表示信度和效度之間的關係，圖中的黑點代表測量的結果，若是重複測量的結果一致性較高時，黑點就會較為集中，表示信度好；若一致性不高時，黑點則較分散，表示信度不好。而圖中最中間的圓圈代表真正的值，若黑點落在最中心的圓圈裡，才代表測量到了真正的值，所以有可能測量結果的一致性高，但不能精確地測量到真正的結果（右頁上圖／左下）（王文心，2002）。

　　然而一個測驗要具有效度之前，必須先有信度，因為當測驗分數本身都不可靠時，更不用談它的正確性，這就是說信度是效度的必要條件，但非充分條件，可見測驗的效度是受到本身信度的限制，也可以說，所有有效的測驗一定是可靠性很高的。但是有信度的

測驗卻未必是有效度的測驗，信度高的測驗並不能保證其效度也高。雖然效度不是信度的必要條件，但有效度的測驗可以保證某種程度的信度。效度與信度間的關係可以合理推論為：測驗的信度低，效度一定低，但信度高，效度不一定高；效度高，信度一定高，但效度低，信度不一定低（涂金堂，2009；郭生玉，1997）。例如：教師使用一種具備高信度與高效度的「創造性測驗」去測量班上學生的智力，該創造性測驗的重測信度及折半信度都很高，但對測量智力卻缺乏效度，對結果的解釋與應用完全不正確且無效（謝廣全、謝佳懿，2019）。

　　如果測量工具的效度採用效標關聯效度，則效度係數的極大值，等於該工具信度與效標信度乘積的平方根，表示效度係數不致大於測量工具的信度或效標的信度。其公式如下（葉重新，2016）：

$$r_{xy} \le \sqrt{r_{xx}r_{yy}}$$

r_{xy} 表示效度係數
r_{xx} 表示測量工具的信度
r_{yy} 表示效標的信度

信度和效度關係的示意圖

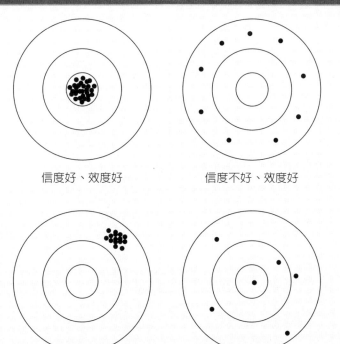

信度好、效度好   信度不好、效度好

信度好、效度不好   信度不好、效度不好

資料來源：王文心（2002，頁46）。

信度與效度的關係

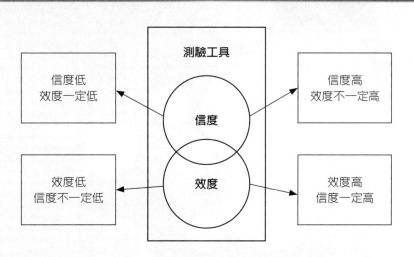

第 **3** 章

標準化成就測驗

● ➤ 章節體系架構 ▼

Unit 3-1
標準化成就測驗的定義、類型與應用

依測驗編製可分為教師自編測驗及標準化測驗，前者短時間內就可編製出來，後者編製比較嚴謹，需要耗費較長時間來編製。標準化測驗中的標準化成就測驗（standardized achievement tests）及標準化性向測驗（standardized aptitude tests）較常在學校中使用，成就測驗是用來測量先前學習所獲得的知識，而性向測驗是測量一個人學習和表現某項作業的潛能，例如：智力測驗（林清山譯，2003）。

一、定義及特徵

標準化成就測驗是由學科專家和測驗專家，依據測驗原理所編製而成，要經由雙向細目表來確定測驗所要測量的內容，試題需要進行難度及鑑別度分析，也要建立常模來解釋分數。一般而言，標準化成就測驗是用在大型考試，像國中會考或高中升大學的學測。因標準化成就測驗編製過程相當嚴謹，故具有以下特徵：1.有高品質的試題；2.有實施與計分的指導說明，在施測上有嚴格的要求；3.有解釋分數的常模，測得的結果可以用來比較；4.有編製測驗指導手冊；5.具有較高的效度和信度。所以，標準化成就測驗適合用在以下的教學目的：1.評量學生基本的學習技能和各科目的一般成就水準；2.評量學生學年期間的進步狀況；3.評量學生成就以作為分組教學之用；4.診斷學生的學習優點與困難；5.比較班級、學校或地區的學業性向與一般成就水準（郭生玉，2016；Airasian, 2000）。

二、類型

標準化成就測驗的類型可分為三種：綜合成就測驗、單科成就測驗、診斷測驗。綜合成就測驗係由多種個別學科測驗所組成，例如：「國中各科成就測驗」，包含國、數、英語、物理與化學五科。單科成就測驗旨在測量某一特定學科的成就水準，例如：「國中新生國語文能力測驗」。診斷測驗主要針對學習困難學生加以分析原因之所在，以作為補救教學的依據，最普遍的診斷測驗是閱讀和數學兩個領域，例如：「國語文能力測驗」及「數學能力診斷測驗」（李坤崇，2019；周文欽等，2006）。

三、應用

標準化成就測驗的優點是具有客觀性和可比較性，是評量學生學業成就的重要工具之一，然而國內使用這種評量尚不夠普遍。以美國為例，2001年「沒有兒童落後法案」頒布實施後，進一步將測驗分數是否達到預設目標之結果與聯邦經費的補助或懲處結合。學校需要依據州所訂定的標準，設定閱讀、數學的年度適當進步幅度，以達成目標作為績效證明，因此學校教學偏重於需要測驗的英文閱讀與數學兩種核心課程。可能導致的負面影響如下：教師放棄正常的教學措施改走捷徑、考試結果作假、考試領導教學、不考的學科不教等（湯維玲，2012）。

學校中較常使用的標準化測驗

標準化成就測驗
- 用來測量先前學習所獲得的知識

標準化性向測驗
- 測量一個人學習和表現某項作業的潛能

標準化成就測驗的定義、類型與應用

定義	類型	應用
• 由學科及測驗專家，依據測驗原理編製而成，要經由雙向細目表來確定所要測量的內容 • 試題需要進行難度及鑑別度分析，也要建立常模來解釋分數	• 綜合成就測驗、單科成就測驗、診斷測驗 • 診斷測驗主要針對學習困難學生分析原因，以作為補救教學的依據	• 標準化成就測驗的優點是具有客觀性和可比較性 • 國內使用這種評量尚不夠普遍，而美國重視標準化成就測驗的使用，將分數與聯邦經費的補助與懲處結合

標準化成就測驗的特徵

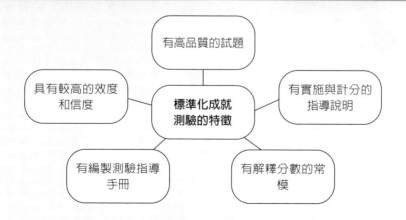

第二章 標準化成就測驗

063

Unit 3-2
標準化成就測驗的編製流程

標準化成就測驗通常需要經過一定的流程才能編製完成，其過程繁瑣，非一人之力或短時間可以完成。茲以黃國清和吳寶桂（2006）所編製的七年級數學標準化成就測驗為例，說明編製的過程（黃國清、吳寶桂，2006；蕭儒棠等，2014）：

一、預試試題準備

依據《九年一貫數學領域課程綱要》所載之能力指標，分別與教學總體目標、階段目標，製成雙向細目表，再與任教於國中的三位數學教師，依雙向細目表共同草擬試題共23題。最後委請數學教育學者審核試題後，修訂編成預試卷。這項步驟屬於確立測驗藍圖階段，雙向細目表可描述重要的教學目標與評量目標之間的關係，避免試題編製時，命題者依自己的喜好隨意命題。

二、進行預試

第一次預試以台南地區國中生為樣本，蒐集有效樣本402份的作答結果。第二次預試，共回收455份有效樣本的作答結果。

三、進行試題分析

編擬試題時應盡可能增加試題初稿的數量，最後再依據雙向細目表的預設數目，挑選部分審查通過的試題組合成預試測驗卷。欲使測驗試題臻於完善，所包含的試題必須經過嚴謹的審查程序，分別就試題的內容、形式、難度和鑑別度等逐一檢驗，以反應試題的功能與特徵，進而發揮其測量的功能。因此在預試試卷收回之後，要進行以下三項分析：

（一）量的分析

針對兩次預試結果，進行古典測驗理論之試題分析，計算出各題的難度及鑑別度。

（二）質的分析

採用邏輯審查的方式，針對鑑別度較差的試題，先經由研究者與受試者訪談的結果，再與任教國中的數學老師討論後，根據雙向細目表加以修改試題或刪題。

（三）誘答力分析

試題選項的誘答力分析，可作為測驗編製者評估試題品質的參考依據之一，誘答功能不佳的試題，應考慮修改或刪除。

四、編擬正式測驗

在試題經過試題分析後，研究者斟酌挑選適當鑑別度與難度，編訂一份具鑑別度在0.3以上、測驗平均難度約為中等之七年級數學領域成就測驗。

五、抽取常模樣本及正式施測

本研究之常模樣本，依據分層隨機系統抽樣的原則，採用叢集抽樣（cluster sampling）的方法，抽出24所學校，各再抽出一個班級，總共有870人接受施測。依據正式的施測資料，研究者計算出測驗的信度及效度，並且建立常模。

測驗編製的流程

預試試題 準備	• 製雙向細目表，依此草擬試題23題 • 委請數學教育學者審核試題

進行預試	• 以台南地區國中生為樣本 • 共回收455份有效樣本的作答結果

進行試題 分析	• 編擬試題時應盡可能增加試題初稿的數量 • 分別就試題的內容、形式、難度和鑑別度等逐一檢驗

編擬正式 測驗	• 編訂一份具鑑別度在0.3以上、測驗平均難度約為中等之七年級數 學成就測驗

抽取常模 樣本及 正式施測	• 依據分層隨機系統抽樣的原則，採用叢集抽樣的方法，抽出24所學 校，共有870人接受施測

065

試題分析的內容

量的分析	• 古典測驗理論之試題分析 • 計算出各題的難度及鑑別度

質的分析	• 邏輯審查的方式 • 根據雙向細目表加以修改試題或刪題

誘答力分析	• 試題選項的誘答力分析 • 誘答功能不佳的試題予以修改

Unit 3-3
常模參照的試題分析

根據試題的統計特性做數量的分析，稱為量化的試題分析，包含試題難度（item difficulty）、試題鑑別度（item discrimination）與選項誘答力（distraction）這三項分析方法（鄭圓鈴，2005）。本單元先介紹難度分析，難度指的是題目的難易程度，難度適當的試題是構成優良測驗的必要條件，不應該難到大部分的學生都答錯，也不應該容易到大部分的學生都答對。試題的難易程度的計算方式有以下兩種（李坤崇，2006；涂金堂，2009；鄭圓鈴，2005）：

一、採用全體受試者的難度計算方式

難度計算是答對某道題目的人數與作答總人數的比例，亦即將答對某道題目的人數除以作答總人數，通常以英文字母大寫P來表示，算法如下列公式：

$$P = \frac{R}{N}$$

R代表該題答對的人數，N代表該題所有作答的總人數。例如：在某一測驗，第一題、第二題、第三題的通過人數百分比（P）依次為20%、30%、40%，則第一題的難度最高，第二題次之，第三題最低。數值愈大表示題目愈容易，數值愈小表示題目愈困難。P值大小的範圍為$0 \leq P \leq 1$，當所有受試者都答對時，P最大值1；當所有受試者都答錯時，P最小值0。

二、採用高、低分組的難度計算方式

由於試題分析包括難度與鑑別度的判斷，而鑑別度指標的計算過程，只關注高低分組受試者的答題情形，而不探討中間分數受試者的答題情形，因此將分數由高至低排列之後，取前27%（25%、33%亦可）的學生為高分組，取後27%的學生為低分組。採用以下公式計算難度：

$$P = \frac{P_{H} + P_{L}}{2}$$

P_H及P_L分別代表高分組、低分組受試者答對人數的百分比。

三、合適的難度值大小

題目的難度是相對的，不是絕對的，難度的大小除了和內容或技能本身的難易有關外，還與題目的編製技術和受試者的經驗有關。一個本來很容易的問題，可能因敘述不清楚，或者受測者由於某種原因沒有學過而變難；一個很難的內容也可能因為答案過於明顯，或由於受試者已經學會，而變得很容易。

試題的難度P值應該多少，才是一道良好的試題呢？這取決於測驗的目的、題目的形式及測驗的性質。如果測驗是用來對學生能力作區分，教師可選二分之一中等程度（難度在.50至.70之間）的題目，四分之一難題，四分之一簡單題，這樣對好、中、差各種學生具有較好的區分能力。若非如此，則P值接近.50即能區隔出不同能力的受試者，所以P值愈接近.50，是屬於比較理想的狀況。通常P值介於.40與.70之間，都是屬於可以接受的範圍值。

試題分析方法

難度分析 ➕ 鑑別度分析 ➕ 誘答力分析 ➡ 試題分析

難度分析方法

採用全體受試者的難度計算方式	採用高、低分組的難度計算方式
答對某題目的人數與作答總人數的比例	配合鑑別度指標的計算過程
數值愈大表示題目愈容易，數值愈小表示題目愈困難	取前27%的學生為高分組，取後27%的學生為低分組
P值大小的範圍為$0 \leqq P \leqq 1$	分別算出高低分組的難度後再求平均

合適的難度值大小

P值	試題難易	試題評鑑
.50	難易適中	接近.50即能區隔出不同能力的受試者
介於.40與.70之間	難易適中	符合選題標準，屬於可以接受的範圍值
大於.70	偏易	適用於學習扶助的學生
小於.40	偏難	適用於資優班的學生

Unit 3-4
鑑別度及誘答力分析

鑑別度是指測驗題目是否具有區別學生能力高低的作用，也就是考量高分組答對人數和低分組答對人數的差異情形。鑑別度有幾種不同的評判方式，其中以鑑別度指數（discrimination index, D）最為簡單。

一、鑑別度分析

鑑別度的估計可分為內部一致性與外在效度兩種，茲以內部一致性的計算方式作一說明。教師先依測驗總分將最高的27%受試者列為高分組，最低的27%受試者列為低分組，然後分別求出這兩組受試者在個別試題上通過人數百分比，再以高分組的百分比減去低分組的百分比所得的差數作為鑑別度指數，其值介於－1到+1之間。其計算公式如下：

$$D = P_H - P_L$$

當試題太容易時，全部高分組和低分組學生都答對，此時兩組的答對百分比值都是1，其間的差值等於零；反之，試題太難，高低分組學生都答錯，其差值等於零，極端容易和困難的試題不具有鑑別度。負的鑑別度指數代表該試題具有反向的鑑別作用，這類試題應予淘汰；其餘情況的鑑別度指數愈高，表示試題的鑑別度愈大，題目則愈優良。一般而言，鑑別力指數在.40或以上為非常優良，.30-.39為優良，.10-.29為尚可，.01-.10不佳，負的則可能是錯誤解答或題目曖昧。試題的難度與鑑別度密切相關，測驗的試題具有適當的難度才能發揮鑑別作用，如果試題太難或太容易，則會失去鑑別不同程度的作用，難度愈接近.50，則其所能發揮的區別作用愈大。

二、選項誘答力分析

選擇題的試題分析還可針對正確選項與誘答選項進行分析，其原則如下：1.依高、低分組在各個選項上選答的次數進行判斷；2.每項不正確的選項，至少應有一個低分組的受試者選它，如果沒人選，則要修改這個選項；3.低分組選擇不正確選項的人數應多於高分組；4.修改選項之前，要仔細考量是題目本身的缺陷，或是學生反應上的錯誤。由右頁第三個圖表的實例，可以得知該題的鑑別度指標D值為-.2，難度P值為.6，這是屬於極不佳的試題。這題的正確選項為B，高分組選B的人數只有5人，但低分組卻有7人選，由於高分組答對人數低於低分組的人數，因而產生負的D值，顯示B選項可能有問題，命題者應該重新設計B選項，才能提高試題的品質。由右頁最後一個表格可知這題的正確選項為D，高分組有9人都選D，低分組只有1人選D，顯見D選項具有很好的區隔效果，而A、B、C等三個誘答選項都有誘使低分組的同學挑選，因此這四個選項無須進行調整。

鑑別力指數的意義與計算

| 意義 | 判斷測驗題目是否具有區別學生能力高低的作用 | 試題的鑑別度愈大，題目則愈優良 |

| 計算 | 依測驗總分將最高的27%受試者列為高分組，最低的27%受試者列為低分組 | 分別求出這個高低分組受試者在個別試題的難度，再以高分組的難度值減去低分組的難度值即得到鑑別度指數 |

鑑別力指數的解釋

| .40或以上 非常優良 | .30-.39 優良 | .10-.29 尚可 | .01-.10 不佳 | 負數 題目曖昧 |

高低分組學生的第一題作答情形

題號	組別	選擇題的選項				P值	D值	試題品質
		A	B*	C	D			
1	高分組（10人）	2	5	1	2	.6	-.2	極不佳
	低分組（10人）	1	7	0	2			

資料來源：涂金堂（2009，頁122）。

高低分組學生的第二題作答情形

題號	組別	選擇題的選項				P值	D值	試題品質
		A	B	C	D*			
2	高分組（10人）	1	0	0	9	.5	.8	極優良
	低分組（10人）	4	3	2	1			

資料來源：涂金堂（2009，頁122）。

Unit **3-5**
常模的意義、功用與建立

標準化成就測驗均採用常模參照的方式來解釋測驗結果，常模的建立是測驗標準化過程的一部分。當學校輔導室使用此類測驗對學生施測，施測後教師即需利用適當時間對學生、家長進行解釋，因此教師需要了解標準化測驗的編製過程，以及了解常模參照的測驗要如何解釋。以下分別說明常模的意義、功用與建立（周新富，2019；葉重新，2017; Kubiszyn & Borich, 2007）：

一、常模的意義

在標準化測驗所得到的原始分數通常是沒有特殊的意義，需參照常模來解釋，所以常模是解釋測驗分數的依據。就狹義的定義而言，常模是指特定參照團體在測驗上所獲得的平均分數。為了解釋受測者在測驗上所得原始分數的意義，測驗編製者都會提供各種常模表，以確定個人的測驗分數在團體中的相對地位。例如：某位學生在一個英文成就測驗上得到100分，如將這分數參照常模加以解釋，便可知道這位學生的分數落在參照團體平均數之上或之下。就廣義而言，常模是指將一個團體的測驗原始分數，轉換成衍生分數（derived score），如百分等級，由此衍生分數可了解個人分數在團體中的相對地位。

二、常模的功用

常模具有兩項功用：1.表明個人分數在常模團體中的相對位置；2.提供比較的量數，以比較個人在不同測驗上的分數。標準化成就測驗為了要使學生的個別表現能夠與全國學生進行比較，就要建立全國不同常模團體的資料，讓學生了解自己的成績在相同常模團體的位置。

三、常模的建立方法

建立常模的方法可概分成發展性常模（developmental norms）與組內常模（within-group norms），前者是以不同發展階段的人在測驗上的表現，來解釋個人的測驗表現，較常見的發展性常模為心理年齡與年級當量；後者是將個人的表現與相似團體的表現相互比較。以下僅就發展性常模說明之：

（一）年齡常模

依年齡當量分數（age equivalent score）而建立的，稱為年齡常模（age norm），適用在心理認知能力的測量，是指同一年齡階層上原始分數的平均水準。年齡常模主要適用於隨年齡而繼續生長的特質，如身高、體重、智力與閱讀能力等。

（二）年級常模

依年級當量分數（grade equivalent score）所建立的常模，稱年級常模（grade norms），其方法是分別計算每一年級原始分數的平均數，依據各個不同年級的標準化樣本，在測驗上所得的平均數而建立，將學生的學科知識發展程度與各個年級學生的發展程度相互比較，以判斷學生的發展程度是屬於哪一個年級。例如：四年級的標準化樣本在算術測驗上得到平均分數是32分，這個分數就是四年級的年級常模。

常模的意義、功用與建立

常模的意義

指特定參照團體在測驗上所獲得的平均分數

以確定個人的測驗分數在團體中的相對地位

常模的功用

表明個人分數在常模團體中的相對位置

提供比較的量數，以比較個人在不同測驗上的分數

常模的建立

可概分成發展性常模與組內常模

前者是以不同發展階段的人在測驗上的表現，來解釋個人的表現；後者是將個人的表現與相似團體相互比較

發展性常模的類型

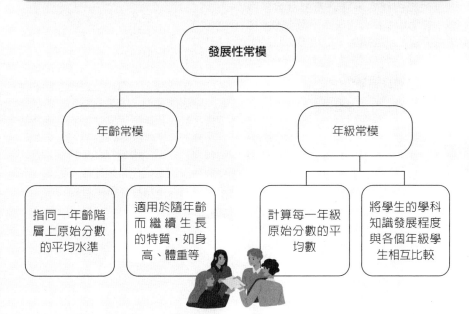

發展性常模

年齡常模

指同一年齡階層上原始分數的平均水準

適用於隨年齡而繼續生長的特質，如身高、體重等

年級常模

計算每一年級原始分數的平均數

將學生的學科知識發展程度與各個年級學生相互比較

Unit 3-6
常模應具備的條件

任何心理與教育測驗往往提供數種不同的常模，呈現在測驗所編製的手冊之中。為避免測驗使用者在解釋分數時發生偏差，編製標準化測驗所要建立的常模必須具有以下的條件（周新富，2019；郭生玉，2016；鄒慧英譯，2003）：

一、常模的樣本應具代表性

測驗分數經常會有兩種誤差，一是測量誤差，一是抽樣誤差。就抽樣誤差而言，樣本愈大則抽樣誤差愈小，但建立常模所依據的樣本大小，並不比樣本的代表性重要，最好要能將性別、年級、社經地位、學校規模、區域等因素一併考慮，才能獲得有代表性的常模。例如：全國性常模，不能只限於北部學校的樣本，應兼顧全台灣各區域。要使樣本具有代表性，適當的抽樣方法與過程是必須的，抽樣方法將於下個單元說明。

二、常模應具有新近性

常模的應用要考慮常模建立的時間點，十幾二十年前所建立的常模是否還能代表現今的狀況？隨著社會環境的變遷，超過十年以上的常模就不適用了，因此測驗發展者是需要視情形重新修訂常模。當課程重新修訂而內容改變時，不但常模不再適用，連測驗本身都會過時。教師在使用標準化測驗時，要避免使用年代過久的常模，以免造成比較上的誤差。

三、常模應具有適切性

根據各種常模參照團體可以建立不同的常模類型，通常可分為四大類：全國性常模、地區性常模、特殊團體常模、學校平均數常模。全國性常模是依據全國性的代表樣本所建立的常模；地區性常模是參照地區性團體所建立的常模，特殊團體常模的建立可依據身心障礙的類別、特殊職業團體、修讀某一學程的學生等；而學校平均數常模是一所學校想要比較自己學校五年級的學生，在測驗上的平均數是否和其他學校同年級學生一樣或不同，就可以使用學校平均數常模。

在使用這些常模解釋分數時，必須詳察常模樣本的性質是否和想要實施測驗的對象相類似。例如：有一名國中生就讀於都會地區的國中，適合用來解釋分數的常模，除了全國性常模之外，應該是依都會地區的國中生所建立的常模，而非鄉村地區的常模。任何測驗分數的正確解釋，均須顧及常模團體的性質及常模的類型，如果只想和一般參照團體比較，以診斷不同領域的長處與短處，參照全國性來解釋便很適當。如果解釋涉及到預測未來在某一特領域是否會成功，則全國性常模比較不適切，參照特殊團體常模解釋將更有意義。

常模應具備的條件

常模應具備的條件

| 常模的樣本應具代表性 | 常模應具有新近性 | 常模應具有適切性 |

常模的類型

常模的類型

| 全國性常模 | 地區性常模 | 特殊團體常模 | 學校平均數常模 |

依據全國性代表樣本所建立

參照地區性團體所建立的常模，例如：都會區、偏鄉離島

依據資賦優異或身心障礙的類別所建立

依學校年級平均數所建立，例如：想要比較本校五年級的學生與其他學校同年級學生的差異

Unit **3-7**
常模樣本的抽樣方式

　　為使常模具有代表性，必須以嚴謹的方式進行樣本抽樣。研究方法的抽樣可分為隨機與非隨機抽樣，隨機抽樣的方法又可分簡單隨機抽樣（simple random sampling）、系統抽樣（systematic sampling）、分層隨機抽樣（stratified random sampling）、叢集抽樣（cluster sampling），以及最複雜的多階段抽樣（multi-stage sampling）。非隨機抽樣比較常見的方式是方便抽樣（convenience sampling）、立意抽樣（purposive sampling）、自願樣本（volunteer sampling）等（周新富，2021）。因非隨機抽樣的方式比較簡便，但是存在的誤差比較大，所以建立常模要以隨機抽樣的方式來抽取樣本。在進行抽樣時，首先應取得樣本的母群資料，例全台灣的國小學校數及學生數，然後擬訂好抽樣的架構，例如：樣本人數是多少、實施分層要分幾層等。以下兩種抽樣方法是比較常用的（周新富，2021；葉重新，2017）：

一、分層隨機抽樣

　　當母群內樣本單位之差異較大，且可依某衡量標準，將母群體區分成若干個不重複的次團體，我們稱之為「層」（strata），且層與層之間有很大的變異性，層內的變異性較小，這時就可採用分層隨機抽樣進行抽樣。例如：依據性別可將母群區分為男性及女性團體，這兩個次團體的特徵存在很大的差異性；兒童的智力也存在很大的差異性，有較高、較低智力者；其他常用的分層標準有教育程度、社經地位、居住地區等。在樣本差異性大的情形之下，要先將母群中的次團體區分出層，然後再分別從每個層之中，以隨機方式抽選樣本，這樣的方法稱為分層隨機抽樣。其抽樣步驟如下：

1. 先決定分層所依據的標準，例如：地區、性別、年級等。
2. 確定母群的總人數、每一層（類）的人數和所要抽樣的人數。
3. 計算每一層別所占的人數比例，並以抽樣總人數乘以此比例，以得到每一類別所應抽取的人數。
4. 採用簡單隨機抽樣法，從每一類別中抽取樣本所需的人數。

二、叢集抽樣

　　隨機抽樣是抽個人，而叢集抽樣（cluster sampling）是抽團體，因此又稱為整群抽樣，教育研究經常會採用分層隨機叢集抽樣的方式進行抽樣。叢集抽樣是將母群依特質分成若干類，每一類稱為一個團體，再以隨機方式抽取若干小團體，抽中的小團體全體成員均為樣本。例如：從全台灣所有的國民小學中，隨機抽取30所小學，全校學生接受學業成就測驗。應用叢集抽樣時，同時要考慮到母群中的次團體之間是否同質，如果同質性較低就不適合使用，例如：以班級為單位進行叢集抽樣時，如果是常態編班的班級，彼此之間就具有較高的同質性，如果是能力編班或資優班，彼此之間的同質性就低，因此就不適用叢集抽樣。

抽樣的方法

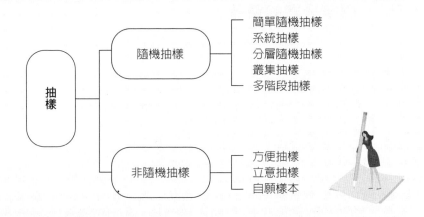

抽樣
- 隨機抽樣
  - 簡單隨機抽樣
  - 系統抽樣
  - 分層隨機抽樣
  - 叢集抽樣
  - 多階段抽樣
- 非隨機抽樣
  - 方便抽樣
  - 立意抽樣
  - 自願樣本

分層隨機抽樣步驟

| 決定分層所依據的標準 | → | 確定母群的總人數、每一層（類）的人數和所要抽樣的人數 | → | 計算每一層別所占的人數比例 | → | 以抽樣總人數乘以比例，得到每一類別所應抽取的人數 | → | 以簡單隨機抽樣法，抽取樣本所需人數 |

叢集抽樣定義、方式與注意事項

定義	方式	注意事項
• 隨機抽樣是抽個人，而叢集抽樣是抽出團體，例如：班級	• 先將母群依特質分成若干類（團體），再以隨機方式抽取若干小團體	• 要考慮到母群中的次團體是否同質 • 例如：常態編班與能力編班的班級同質性低

Unit 3-8
標準分數的意義

由於教師所測得的評量成績不是呈現常態分配，因此我們必須把分數轉換成常態分配，其方法爲將分數的每一個數值轉化成一個 z 值，由 z 值組成的新變量，它的分布形態是一個常態分配，其平均數爲0，標準差爲1，將原來資料中的分數變成 z 分數（z-scores），這個分數稱爲標準分數（standard score），轉換的過程稱爲資料的標準化（standardization）。所以標準分數是以標準差爲單位，表示個人原始分數和團體平均數之差的一種分數。標準分數是以平均數爲參照點，來說明個人在團體分數的位置，如同百分等級皆可用來表示個人的得分在團體中的相對地位（林清山，2016；歐滄和，2007）。

一、z 分數的計算

標準分數有很多種變形，其中最典型的標準分數稱爲 z 分數，其計算公式爲：

$$z = \frac{X_i - \overline{X}}{S}$$

由公式得知 z 分數是每一個分數與算術平均數之差除以標準差，X_i 表示原始分數，$\overline{X}$ 表示平均數，S 表示標準差。

二、z 分數的特性

將原始分數加以直線轉換爲 z 分數時，團體中各個人之間的相互關係仍然保持原狀，只是變爲平均數等於0，標準差等於1而已。這種 z 分數可以用來比較兩個處在不同變量分布中的變量值。例如：某學生參加了兩次考試，

第一次得54分，第二次得了89分，我們想要知道相對全班的情況，他在哪一次考試中考得比較好，我們可以利用 z 分數來作比較。當 z 分數小於0時，表示該分數落在平均數以下；當 z 分數大於0，表示該分數落在平均數以上；數值愈大，表示距離平均數愈遠。但 z 分數的缺點是原始分數小於平均數時，會產生負值，因此有必要再加以轉換（歐滄和，2007）。

三、應用

標準化之後的 z 分數可用來表示某一分數與平均數之差，是標準差的幾倍，或是假定標準差是一個單位，則這個分數是在平均數之上或之下的幾個單位（林清山，2016）。透過 z 分數表的查詢，我們可以找到從某一個 z 值到平均數之間的面積，從而看出該 z 值在分配中的位置，於是形成如右頁下圖所示的常態曲線面積的劃分情形。由圖可知平均數與+1z 間的面積爲.3413，落在這個區間的事件機率爲.3413，落在這個區間的人數百分比爲.3413。假如有一名智商爲120的女子，z 值爲2，由圖可知由0-2個 z 區間的面積爲.4772（.3413+.1359），因此她的智商大約高於98%（.5+.4772=.9772）的女性。因爲 z 分數在實際用時會帶有小數點或負數，使用起來不太方便，因此將 z 分數以直線轉換成Z分數（用大寫Z表示），其公式爲：$Z = az + b$，像T分數、托福考試成績等，均由此轉換而來（歐滄和，2007；葉重新，2016）。

標準分數的意義、計算與特性

意義	計算	特性
將原始分數轉換成 z 值，使之成為常態分配，其平均數為0，標準差為1，這個分數稱為標準分數	最典型的標準分數稱為 z 分數	z 分數可以用來比較兩個處在不同變量分布中的變量值。例如：參加兩次考試，想要知道哪一次考試考得比較好
標準分數是以標準差為單位，表示個人原始分數和團體平均數之差的一種分數	每一個分數與算術平均數之差再除以標準差	z 分數的缺點是原始分數小於平均數時，會產生負值

標準化後常態曲線的面積

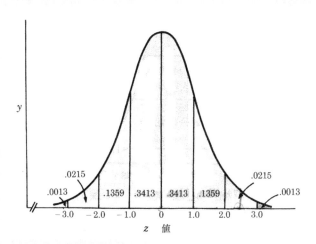

資料來源：林清山（2016，頁103）。

Unit 3-9
百分等級及標準分數的種類

　　單元3-5提到發展常模，本單元再詳細說明組內常模。組內常模可分成兩類，一類是以個人在該團體中的排列等級為基礎的，如百分等級；一類是以團體測驗分數的平均數、標準差為計算基礎的標準分數，如 z 分數、T分數等。

一、百分等級

　　百分等級（percentile rank, PR）被廣泛用來描述測驗表現結果，因為容易計算也容易了解。百分等級與百分位數（percentile）雖在定義上有所不同，但經常互用。如果把一個團體分成一百個等分，一個分點稱為百分點，百分等級是指各百分點以下包含有多少百分比的人數，即落在某一個原始分數以下的人數百分比，而百分位數是指各百分點的分數。百分位數表示學生所得的分數，百分等級代表所占的等第。例如：某生的測驗分數是22分，百分等級為88，表示他的分數勝過88%的人，只不如12%的人，而第88百分位數的原始分數是22。但百分等級有以下的缺點：靠近分配中央的原始分數本來差距很小，但轉換成百分等級後差異變大了；而接近兩端的原始分數，本來差異很大，轉換成百分等級後差異變小了。例如：得到百分等級40與50的學生，其測驗分數的差異可能只有1分或2分，但得到百分等級90與99的學生，其測驗分數的差異卻相當大，也就是說，兩極端分數被壓縮，而趨中分數被擴大的現象，如右頁上圖所示（涂金堂，2009，2023）。

二、標準分數

　　標準分數可分為直線轉換的直線標準分數（linear standard score）、非直線轉換的常態化標準分數（normalized standard scores）兩種，除 z 分數外，以下再介紹幾種比較常用的類型（歐滄和，2007；涂金堂，2009）：

（一）T分數

　　為了避免有負值與小數，可用直線標準分數來轉換，其中T分數（T score）是最普遍的直線標準分數，其平均數為50，標準差為10（T＝10z＋50），但其缺點則是學生和家長不易了解其意義。其他的標準分數如美國陸軍普通分類測驗的AGCT分數（AGCT＝20z＋100），以及美國大學入學考試委員會所用的CEEB分數（CEEB＝100z＋500），都與T分數的原理一樣。離差智商亦是直線標準分數的一種，魏氏智力量表以100為平均數，加上15個標準差（DIQ＝15z＋100）；斯比量表則是加上16個標準差（DIQ＝16z＋100）。

（二）標準九分數

　　標準九分數（stanine score）是屬於常態化標準分數的一種，將原始分數分成九個等分，從一到九等，每個等分所占的分配比例是固定的，其中最高分是九分，最低分是一分，五分是整個常態分配的中心，除了一分和九分外，其餘每一個分數都包括半個標準差的範圍。因此標準九是一個平均數為5，而標準差為2的常態分配標準分數，其所含的百分比如右頁下表。標準九的缺點是九等分的分法不夠精細，原始分數轉換成標準九很容易產生爭議。

常態曲線與百分等級的關係

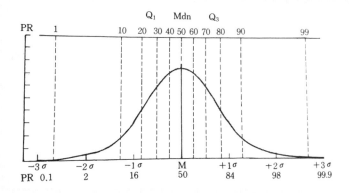

資料來源：郭生玉（1993，頁139）。

常用的標準分數類型

標準分數類型

直線轉換的直線標準分數 → T分數：其平均數為50，標準差為10

非直線轉換的常態化標準分數 → 標準九分數：將原始分數分成九個等分

標準九分數所包含的百分比及與百分等級的換算

標準九分數	百分等級範圍	百分比分配範圍（%）
1	4以下	4（最低）
2	4-10	7
3	11-22	12
4	23-39	17
5	40-59	20
6	60-76	17
7	77-88	12
8	89-95	7
9	96以上	4（最高）

資料來源：涂金堂（2009，頁205）。

第 **4** 章

教師自編成就測驗

● 章節體系架構 ▼

Unit 4-1
教師自編成就測驗定義與基本原則

　　教師自編成就測驗是教師依自己的教學目標與教學需要而自行編製的測驗，編製程序沒有經過標準化的步驟，卻能滿足教師在教室情境中使用，例如：小考（quiz）、段考、月考等由教師自行命題的考試。教師自行命題的評量雖然費時耗力，但優點有：1.符合教學目標；2.教學與評量可以緊密結合；3.試題品質比較穩定。然而國內教師最常使用出版社編製的測驗卷進行平時考，雖然省時省力，但其缺點是評量的試題不一定符合教學目標，而且試題品質良莠不齊，可能偏難或超出範圍（周新富，2023）。透過評量引導學生的學習是評量的新趨勢，因此評量的改革成為我國教改的重要項目之一。教師在編製試題時，要能針對教學之中有價值的知識、技能來命題，如此才能有效評量學生的學習成就。要編製一份良好的試題不是一件簡單的工作，命題人員要具備有評量的專業能力，例如：充分了解教材、充分了解學生、了解各種題型的優缺點、良好的文字表達技巧等（郭生玉，2016）。除此之外，教師在編製測驗時，還要能掌握編製測驗的三項基本原則（郭生玉，2016；蕭儒棠等，2014）：

一、測驗應反映課程內容與教學目標

　　測驗是為了檢驗學生對課程內容及教學目標的學習狀況，因此測驗應以教學目標為依據。然而測驗並無法涵蓋課程內容中全部的知識和技能，因此選擇的測驗內容應具有代表性，以代表課程的重要內容。雙向細目表是編擬題目的藍圖，以確保試題內容符合教學目標並具有取樣的代表性。

二、測驗目的應能促進師生的教與學

　　測驗是結合教與學的重要環節，教師可利用測驗結果調整教學，並指導學生學習。對學生而言，測驗的回饋資訊能幫助學生釐清自己對課程內容的掌握狀況，找出學習狀況較薄弱的環節，進而調整學習方法和學習重點，將有限的時間和精力集中於需要加強的內容。測驗結束後，應儘快提供學生測驗的回饋資訊，導正學習的錯誤，並提供正確的答案及合理的解題思路。教學過程中的形成性評量，可以回饋學生學習的資訊，讓教師隨時檢視學生對課程內容的理解狀況，進而調整教學計畫。

三、試題必須是教材中的重要概念和原則

　　教師在編擬試題時，務必以教材中的重要概念和原則來命題，零碎、片斷、無用的知識不但浪費學生的學習時間，而且學完很快就會遺忘。想要提高試題的效度，最好的方式是測量較高層次的思考能力，如概念或原理原則的理解和應用能力。

教師自編成就測驗的定義與優缺點

教師自編成就測驗
的定義
- 教師依自己的教學目標與教學需要而自行編製測驗
- 例如：小考、段考等由教師自行命題的考試

教師自編成就測驗
的優缺點
- 優點：1.符合教學目標；2.教學與評量可以緊密結合；3.試題品質比較穩定
- 缺點：費時耗力

教師編製成就測驗須掌握的基本原則

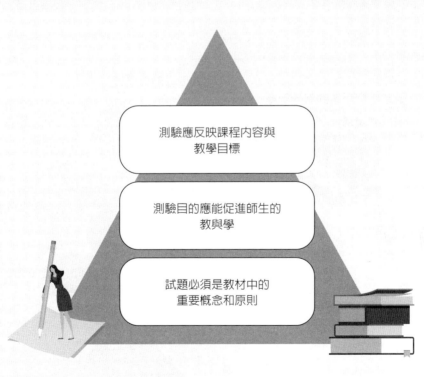

測驗應反映課程內容與
教學目標

測驗目的應能促進師生的
教與學

試題必須是教材中的
重要概念和原則

Unit 4-2
教師自編成就測驗的流程

為了確保測驗能發揮應有的功能，達成教學評量的目的，教師應熟悉測驗的編製原則和步驟，以編製良好的測驗。教師自行編製評量的步驟如下（蕭儒棠等，2014；Kubiszyn & Borich, 2007; Wright, 2008）：

一、確定測驗的目的

教學上需自編評量的類型以形成性評量及總結性評量居多，形成性評量的目的在判斷學生是否專心學習，教師所指定的學習活動是否有效，通常這類型的評量實施次數要多，但範圍要小。總結性評量是決定學生是否達成教學目標，並評定學業成就，故其試題必須反映教學目標，且試題難度的分布範圍較廣，考試範圍比較大。

二、確定所要測量的教學目標

編製測驗最主要的依據是教學目標，而不是教材內容，依據學習目標的分類架構，構思評量的方式，可加強評量與教學的一致性。確定教學目標不僅是測驗編製計畫中的重要步驟，也是建立評量的內容效度的一項重要原則。

三、建立雙向細目表

雙向細目表為編製評量的藍圖，它是以教學目標和教材內容為兩個軸，分別說明評量要測量認知領域的各個層次及要分配多少測驗題目。若是實施形成性評量，此步驟可省略。

四、選擇適當題型

測驗題型大約可分成兩大類：選擇反應試題（selected-response item）和建構反應試題（constructed-response item），前者又稱為客觀測驗，包含選擇題、是非題、配合題，後者稱為主觀測驗，包含簡答題、填充題、論文題等。由於這兩類試題所發揮的評量功能不同，教師宜在編擬試題之前，就確立何種類型的試題最能測量教學所要達成的目標。

五、依據命題原則編擬試題

在編製試題時，除須依據雙向細目表的規劃，針對特定的內容和教學目標來命題之外，還需充分了解各類型試題的優缺點和命題原則，根據自己的學科知識和教學經驗，以靈活生動的創造力來撰寫試題，才能編擬出高品質的試題。

六、審題與修題

試題初稿編製完成後，接著要進行試題的審查及修改。審查方式分為邏輯審查及實證審查兩種，邏輯審查又可稱作「形式審查」或「質性審查」，旨在評閱試題與教學目標之間的關聯性。實證審查又可稱作「客觀審查」，旨在評閱學生的答題反應是否符合所期望的數據。

七、編輯評量試題

經審查修題後，即由負責人彙整編輯及排版。試題編排有兩種方式：
1. 依據試題類型來排列，例如：是非題、選擇題一般均放在最前面，其後為填充題和簡答題。
2. 依據試題難易度來排列，試題應由易而難排列。

自編成就測驗的流程

1. 確定測驗的目的：是形成性評量或總結性評量

2. 確定所要測量的教學目標：依據學習目標的分類架構，構思評量的方式

3. 建立雙向細目表：總結性評量須建立雙向細目表

4. 選擇適當題型：確立何種類型的試題最能測量教學所要達成的目標

5. 依據命題原則編擬試題：充分了解各類型試題的優缺點和命題原則

6. 審題與修題：進行試題的審查及修改

7. 編輯評量試題：負責人彙整編輯及排版

測驗題的題型

測驗題的題型

選擇反應試題
（客觀測驗）

選擇題

是非題

配合題

建構反應試題
（主觀測驗）

簡答題

填充題

論文題

Unit 4-3
編擬試題的一般性原則

為編擬高品質的試題，除依據雙向細目表的規劃來命題外，還需充分了解各類型試題的命題、審題及編輯原則，以下分別說明之（李茂興譯，2002；郭生玉，2016；余民寧，2017；Kubiszyn & Borich, 2007）：

一、試題共同的命題原則

無論編擬何種類型的試題，均需考慮下列共同的命題原則：

（一）試題的取材應該均勻分配，且具有教材內容的代表性。

（二）試題的敘述應該力求簡明扼要，題意明確。

（三）各個試題宜彼此獨立，互不牽涉，並避免含有暗示答案的線索。

（四）試題宜有公認的正確答案或相對較佳的答案。

（五）試題的敘述宜重新組織，避免直接抄錄課本或習作。

（六）注意試題公平性原則，例如：試題中的訊息不宜是某些群體（種族、性別、居住地區、省籍）所特別熟悉或是比較陌生的，以免造成測驗上的不公平。

（七）涉及政治議題時，要注意避免涉及人身攻擊。

（八）使用書商的題庫光碟命題要加以潤飾修改，以免造成試題的外洩。

二、審題原則

教師自編測驗試題分析，主要是依據邏輯審查來進行審題，審題的原則如下：

（一）試題是否符合雙向細目表的規劃。

（二）試題是否代表預期測量的教學目標。

（三）試題是否違反命題原則。

（四）試題的敘述是否能清楚表達題意。

（五）試題的呈現方式與作答說明是否適當。

（六）試題的敘述是否提供暗示答案的線索。

（七）組成命題團隊約2-3人，有人負責命題，有人負責審題，但要互相約束不能洩題。

三、編輯原則

編排試題宜注意以下原則：

（一）將同類型的試題類型編排在一起，和其他不同題型分開，避免不同類型交錯造成學生作答困擾。

（二）同一個試題不應被分割成兩頁。

（三）試題應明確標示題號，尤其是學生必須將答案填寫於另一張答案紙，或考卷等其他特殊的地方時。

（四）版面安排應易於評分與計算成績，避免造成計分困擾。

（五）直排或橫排應統一，測驗所有試題的排版方向要統一，各層級字體、大小亦要一致。

（六）計算題、申論題應留足夠的空間作答。

（七）試卷編排妥當之後，可在測驗卷上載明測驗指導語，說明配分及填答注意事項，例如：答案寫在哪裡、每題幾分等。

共同的命題原則

1. 試題的取材應該均勻分配，且具有教材內容的代表性

2. 試題的敘述應該力求簡明扼要，題意明確

3. 各個試題宜彼此獨立，互不牽涉，並避免含有暗示答案的線索

4. 試題宜有公認的正確答案或相對較佳的答案

5. 試題的敘述宜重新組織，避免直接抄錄課本或習作

6. 注意試題公平性原則，試題中的訊息不宜是某些群體特別熟悉或是陌生的

7. 涉及政治議題時，要注意避免涉及人身攻擊

8. 使用書商的題庫光碟命題要加以潤飾修改，以免造成試題的外洩

審題的原則

審題的原則

試題是否符合雙向細目表的規劃

試題是否代表預期測量的教學目標

試題是否違反命題原則

試題的敘述是否能清楚表達題意

試題的呈現方式與作答說明是否適當

試題的敘述是否提供暗示答案的線索

組成命題團隊，有人命題，有人審題，但不能洩題

試題編輯原則

1. 將同類型的試題類型編排在一起

2. 試題應明確標示題號，同一個試題不應被分割成兩頁

3. 版面安排應易於評分與計算成績

4. 所有試題的排版方向要統一，各層級字體及大小要一致

5. 計算題、申論題應留足夠的空間作答

6. 可在測驗卷上載明測驗指導語，說明配分及填答注意事項

Unit **4-4**
是非題的命題原則

是非題、選擇題、配合題等題型，稱為選擇反應試題，因答題者可以有猜測的機會。由於每題的配分較少，出的題數就比較多，而且這類試題的評分較為客觀，評分的一致性就比較高。但是其缺點則是只能測量學生較低層次記憶、理解性的知識。是非題主要是讓學生判斷一個陳述句的對錯，對的在空格中填上「○」，認為是錯的則在空格中填上「×」。為避免出現品質不佳的試題，教師要注意以下事項（周新富，2023；涂金堂，2009；歐滄和，2007）：

一、文字應簡潔，避免冗長或複雜的敘述

是非題的主要評量目的，是想了解受試者對於基礎性概念或原則的理解程度，並非想評量受試者的語文閱讀能力。因此，題目所使用的語句，盡可能簡單易懂。以下為不良試題：（　　）溶液的PH值很難精確測量，不過還是有些方法可以簡單的測量。應改成：（　　）石蕊試紙放入酸性溶液會呈現紅色。

二、避免使用否定的敘述，尤其是雙重的否定

受試者遇到否定字詞時，比較容易引起作答的焦慮。若是採用雙重否定的字詞，則容易造成受試者閱讀理解上的困難，兩者都容易影響受試者的答題表現。例如：（　　）鈍角三角形的三個內角都不是沒有小於90度。這個題目為不良試題，應該修正為：（　　）鈍角三角形只有一個大於90度的內角。

三、題目只包含一種概念，避免同時評量兩種以上概念

每一題是非題最好只測量一個概念，才能精準的了解受試者對此一概念是否有正確的掌握。若同時測量兩個以上的概念，則無法精準的了解受試者的錯誤概念。兩個概念的實例如下：（　　）中國最大的湖泊是洞庭湖，它位於江蘇省，屬於長江流域。

四、避免使用特定暗示性的字詞

是非題若出現某些帶有提示性的特定字詞時，容易提高受試者猜題的成功機率。例如：當題目出現「所有」、「絕不」、「總是」等極端肯定的字詞時，正確答案常常是「×」。

五、對的題目與錯的題目，在字數上應儘量相近

為避免學生由題目字數的多寡作為猜題的線索，不論正確答案對或錯，題目的字數應讓其相近。

六、避免正確答案呈特定型態出現，或是在數量上的分配不太平均

是非題正確答案的出現應以隨機的型態出現，避免正確答案呈特定型態出現，例如：對錯交互出現、前五題對而後五題錯。

七、試題應避免直接抄錄課本的文句

教師命題若直接抄錄課文，或僅修改一、兩個字，會鼓勵學生做機械性的記憶，養成死背書的習慣。

是非題的優缺點

是非題的優點	• 每題的配分較少，出的題數比較多 • 評分較為客觀，評分的一致性比較高

是非題的缺點	• 只能測量學生較低層次記憶、理解性的知識 • 容易受到猜測的影響

是非題的命題原則

1.文字應簡潔，避免冗長或複雜的敘述

2.避免使用否定的敘述，尤其是雙重的否定

3.題目只包含一種概念，避免同時評量兩種以上概念

4.避免使用特定暗示性的字詞

5.對的題目與錯的題目，在字數上應儘量相近

6.避免正確答案呈特定型態出現，或是在數量上的分配不太平均

7.試題應避免直接抄錄課本的文句

Unit 4-5
選擇題的命題原則

選擇題最主要的特徵就是在題目中有一個問題和這個問題可能出現的答案，這個問題稱為題幹（stem），而可能答案稱之為選項（alternatives），選項則有正確選項與誘答選項兩種（Linn & Gronlund, 2000）。選擇題的優點如下：可以評量低層次與高層次的認知能力、適用各種學科領域、較能涵蓋上課所學的教材、具教學診斷的功能、計分快速、計分客觀。而其限制則有：撰寫品質優良的選擇題相當費時、設計不當只能測得低層次的認知能力、無法避免猜題的干擾（涂金堂，2009）。以下就重要的編寫原則說明之（涂金堂，2009；歐滄和，2007；蕭儒棠等，2014; Haladyna, Downing, & Rodriguez, 2002）：

一、內容編寫原則

除依據共同的命題原則之外，選擇題尚需遵守以下原則：

（一）試題內容應反映重要的學習內容，避免陷阱題（trick items），或是問一些冷僻、不重要的細節問題。

（二）若想評量較高層次的思考能力，應避免以課堂上討論過的內容，作為命題的題材，建議採用學生不熟悉的課外資料作為命題素材。

（三）避免以意見為主的試題（opinion-based items），因為意見的陳述並沒有絕對的對錯，若採用意見作為命題的依據，容易造成有爭議性的答案。

（四）題目的用字，應該適合學生的語文程度。

二、格式的編寫原則

（一）少用多重選擇題。

（二）試題應縱向排列，而非橫向排列。橫列的排列是選項ABCD相連，優點是可以節省空間，缺點是容易造成作答者的閱讀干擾。直立的排列方式，是一個選項獨自成行，其優缺點恰好與橫列的相反。若試卷的空間允許，建議採用此方式。

（三）將每道試題的閱讀量降至最低。

三、題幹編寫原則

（一）試題的核心概念應於題幹中敘述，最好採用完全問句來命題。

（二）題幹應使用肯定語句，避免否定語句，例如：不是、除了等詞句。使用否定語句應謹慎，運用時應以「粗體」或「加底線」標示。

四、選項編寫原則

（一）撰寫3-5個有效選項，有些研究顯示3個選項應已足夠。

（二）確定選項中只有一個是正確答案。

（三）調整正確答案的位置，避免正確答案過度集中某一選項位置，例如：十題中連續五題的答案是C。

（四）避免題幹中出現與正確選項有關或相近的詞彙，避免顯而易見的正確或錯誤選項，避免使用「以上皆是」的選項。

（五）誘答選項必須是合理的，具有「似是而非」的特質，最好根據學生的典型錯誤撰寫。

選擇題的優缺點

| 選擇題的優點 | • 可以評量高、低層次的認知能力
• 適用各種學科領域
• 計分快速、客觀 |

| 選擇題的缺點 | • 撰寫品質優良的選擇題相當費時
• 設計不當時只能測得低層次的認知能力
• 無法避免猜測 |

選擇題內容編寫原則

1.試題內容應反映重要的學習內容，避免問不重要的細節問題

2.想評量較高層次的思考能力，建議採用學生不熟悉的課外資料作為命題素材

3.避免以意見為主的試題

4.題目的用字，應該適合學生的語文程度

題幹及選項編寫原則

 題幹編寫原則

 選項編寫原則

| 試題的核心概念應於題幹中敘述，最好採用完全問句來命題 | 撰寫3-5個有效選項
確定選項中只有一個是正確答案 |

| 題幹應使用肯定語句，避免否定語句，運用時應以「粗體」或「加底線」標示 | 避免正確答案過度集中某一選項位置，避免顯而易見的正確或錯誤選項，誘答選項必須是合理的 |

Unit 4-6
配合題的命題原則

配合題（match items）是由選擇題變化而來的型式，適用於測量概念與事實之間的關係。此種試題在結構上包括兩部分：一為問題項目或前提項目（premises）；另一為反應項目（responses），由後者中選出與前者相適合之項目。由於項目間之性質難求一致，易提供不適當之暗示，故標準化測驗較少採用之。配合題適合應用在需要將人物、事件、地點、時間加以配合的學科，因此在教師自編測驗中，如能顧及以下命題要領，此種試題仍有其測量學生成就之價值（李坤崇，2019；簡茂發，1991）：

一、問題項目及反應項目在性質上應力求相近，且按邏輯次序排列

配合題主要是針對類似的概念，評量其對應關係，因此不論前提項目或反應項目，都應具有相同的性質，受試者就必須仔細地辨別，才能獲得正確答案。如右頁圖範例一，問題項目的性質不同，分別問及人名、年代、地名與河流，受試者即使缺乏這方面的知識，亦可憑不同性質的反應項目作語意關聯判斷，因而猜對答案，應改成右頁圖範例二的形式。例題中的反應項目均屬年代，只是宜按年代的先後順序排列。

二、問題項目與反應項目數量不宜相等

良好的配合題，其反應項目數應多於問題項目數，否則受試者容易猜對答案。以右頁圖範例三為例，由於題目的問題項目與反應項目數量相等，受試者只須知道其中兩個項目的答案，即使對第三個項目全然無知，自然可推知答案，而答對所有項目，因此這題的反應項目應增列幾項。

三、配對項目不可過多或過少，以五項至十項為宜

每個配合題試題中項目不宜過多或過少，以不超過十項為原則，問題項目必須是相似的概念，要出許多問題項目是一件不容易的事，因此數量一般以四至七個最好。反應項目雖要求比問題項目多，但若超過十個項目，會增加學生閱讀的困難。

四、作答的方法必須予以明確的規定和說明

配合題要有作答指導語，說明所欲評量的主要概念，以及如何作答，也要說明反應項目是否可以重複挑選，讓受試者知道要如何進行配對。

五、同一組配合題要編排在同一頁上，以免造成作答的困擾

測驗編排時要避免跨欄或跨頁的現象，如此將會造成學生作答時需要不斷地翻頁，也常使得粗心的學生忽略了編排在另一頁的反應項目。

六、問題項目與反應項目的序號不應相同

左邊的問題項目一般以數字標示，右邊的反應項目則以英文字母、注音符號或甲乙丙丁等標示，以避免造成學生混淆。

配合題範例一

問題項目
( ) 1.美國南北戰爭時的總統
( ) 2.美國獨立戰爭發生的年代
( ) 3.美國的第一大都市
( ) 4.美國的第一大河

反應項目
A. 紐約
B. 密西西比河
C. 林肯
D. 1776年

範例二（修改後的配合題範例一）

問題項目
( ) 1.中法戰爭
( ) 2.八國聯軍
( ) 3.鴉片戰爭
( ) 4.甲午戰爭

反應項目
A. 1891年
B. I884年
C. 1900年
D. 1840年
E. 1850年

配合題範例三

問題項目
( ) 1.我國地理中心的城市
( ) 2.我國第一大商埠
( ) 3.我國抗戰時期的首都

反應項目
A. 上海
B. 重慶
C. 蘭州

配合題的命題原則

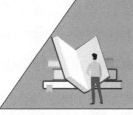

問題項目及反應項目在性質上應力求相近

問題項目與反應項目數量不宜相等

配對項目以五項至十項為宜

作答的方法必須明確的規定和說明

同一組配合題要編排在同一頁上

問題項目與反應項目的序號不應相同

Unit 4-7
填空題與簡答題的命題原則

　　建構反應試題也稱為非選擇題，若依據學生能自由發揮程度，可以分成有明確標準答案的填充或簡答題，以及可以長篇大論的申論題。本單元先就填充題與簡答題的命題原則作一探討。

一、題目的形式

　　填充題（completion）和簡答題（short answer）都是要求學生寫出具體的重要字詞、數字、或符號等，以回答一個問題或完成一個敘述句，其形式如：1.台灣最早開發的工業是 ＿＿＿＿＿。2.圓柱的側面為曲面，但是展開之後卻是一個 ＿＿＿＿ 形。

　　簡答題是填充題的另一種形式，在問題的表示方法上，填充題通常是使用不完全的敘述句來命題，簡答題則是使用直接的問答句，簡答題和填充題一樣，只適於評量知識與理解層次的學習結果。其題型如下：構成民族的要素有哪些（李坤崇，2019；歐滄和，2007）？

　　填充題和簡答題具有以下的優點：題目比較容易編擬、可減少猜測、提供教師了解學生的學習情況等。至於缺點則有：評分上比客觀測驗題困難、書寫字跡和錯別字會影響計分的客觀性、所測量的能力僅是事實性的記憶（郭生玉，2016）。

二、命題原則

　　填充題與簡答題都是很容易命題的形式，以下是在擬題時所要注意的原則（李坤崇，2019；董秀蘭，2016）：

（一）填充題單一題目中不可有太多的空格，以免學生無法把握題意

　　在同一題目中如果有太多的空格，很可能要填的是一些無關緊要的字詞，答題會變成猜謎遊戲。例如：出生後即具有（活動能力），並（哺育）其幼兒的（溫血）動物，被稱為（哺乳動物）。這個題目有四個空格，最好改成以下的題目：出生後即具有活動能力，並哺育其幼兒的溫血動物，被稱為（哺乳動物）。

（二）空格中要填的是重要的概念

　　填空題不是默寫，不應該要求學生背誦教材，所以空格中要填的應該是教材中的事實或術語，而不是句子的動詞或形容詞。

（三）題目中所留的空格長度要一致，並放在句子末端

　　空格長度應以最長的答案為準，使每一空格保持一致，以免學生依據空格長度來猜測答案。空格放在末端可以使學生更容易把握題意，減少語文理解能力的影響。例如：大洋洲哪一個國家的面積最大？ ＿＿＿＿＿。

（四）題目避免直接抄襲上課教材

　　從課本上原文照抄的試題，只有利於擅長死記硬背的學生。命題者應該將教材重新組織或是換個角度敘述，題目敘述會比較完整。

（五）應該備有標準答案及明確的計分標準

　　填充題與簡答題在計分上仍傾向於客觀計分，所以要事先準備標準答案，當學生答案與標準答案不同時，教師可依專業判斷決定是否給分。

填空題與簡答題的優缺點

優點
- 題目比較容易編擬
- 可減少猜測
- 提供教師了解學生的學習情況

缺點
- 評分上比客觀測驗題困難
- 書寫字跡和錯別字會影響計分的客觀性
- 所測量的能力僅是事實性的記憶

填空題與簡答題的命題原則

1.填充題單一題目中不可有太多的空格

2.空格中要填的是重要的概念

3.題目中所留的空格長度要一致，並放在句子末端

4.題目避免直接抄襲上課教材

5.應該備有標準答案及明確的計分標準

Unit 4-8
論文題的命題原則

論文題包括問答題和申論題，較能評量到學生高層次認知能力。論文題具有以下的優點：命題比選擇題簡單、不受猜測答案的影響、鼓勵學生進行深層地閱讀及理解、容易改成課堂上的口頭問答等。然其限制則有：計分比較複雜及費時、評分結果主觀且不一致、題數少無法兼顧教學內容、評分容易受到筆跡及錯別字的影響等。以下就命題形式及原則作一探討（郭生玉，2016；余民寧，2019；董秀蘭，2016）：

一、論文題的形式

（一）問答題

通常會在反應的內容和形式作限制，內容的限制即在問題之內明確說明或提出「問題情境」以限制學生的思考範圍及方向，也可以在問題之後加一段話，以限定「答案的形式或長度」。其例題如下：試簡要說明成文法與不成文法之區別。

（二）申論題

又稱為「擴展反應型式」，可提供學生相當大的反應自由，學生可以自由選擇他認為有關的知識，組織符合他最佳判斷的答案，以及整合與評鑑自己認為適當的觀念。這種自由使得不適於測量一些特定的學習成果，且造成評分的困擾。申論題的形式如下：何謂教育機會均等？教育政策上應如何規劃才能確保教育機會均等？

二、論文題的編寫原則

要編寫優質的論文題需要深思熟慮，教師也需要了解以下的編寫原則：

（一）較高層次學習結果的評量才需使用

論文題適用於較高認知歷程向度的學習結果，例如：分析、評鑑、創作，尤其是著重在學生的批判、問題解決及創造思考能力的評量，更需要使用論文題。

（二）問題與所要測量的學習結果有關聯

限制反應的問題較易測量具體的學習結果，申請論較不易測得學習結果。因此在命題時，應同時說明評分標準，例如：朝什麼方向作答才會得到最高分、錯字是否扣分、是否顧及組織性與創造性等。

（三）明確敘述問題，使學生了解問題的要求

題目的用語要具體明確，讓學生能明白試題所敘述的內容，當學生能了解答題的方向及重點，可避免因錯誤的解讀導致答案偏離主題。

（四）標明每一題的作答時間，並給與學生充分作答時間

命題時若在試題說明中或在題號附近加上這些提醒，可以幫助每個學生控制時間及掌握答案應有的詳細程度，避免學生在某一題目上浪費太多時間。

（五）以多題短答的限制反應題取代少題長答的申論題

為了能有效評定學習結果，盡可能採用多題短答的限制反應題取代少題長答的申論題，以避免內容範疇抽樣誤差，並且能提高測驗的效度。為了顧及評分的公平性，答題時也要避免讓學生從考題中選題作答。

論文題的優缺點

論文題的優點

- 命題比較選擇題簡單
- 不受猜測答案的影響
- 鼓勵學生進行深層地閱讀及理解
- 容易改成課堂上的口頭問答等

論文題的缺點

- 計分比較複雜及費時
- 評分結果主觀且不一致
- 題數少無法兼顧教學內容
- 評分容易受到筆跡及錯別字影響

問答題與申論題的差異

問答題 （限制反應型式）	會在問題之內明確說明限制，或提出「問題情境」以限制思考範圍及方向
申論題 （擴展反應型式）	提供學生相當大的自由，可以自由組織符合最佳判斷的答案，以及整合與評鑑自己的觀念

論文題的編寫原則

1. 較高層次學習結果的評量才需使用

2. 問題與所要測量的學習結果有關聯

3. 明確敘述問題，使學生了解問題的要求

4. 標明每一題的作答時間，並給與學生充分作答時間

5. 以多題短答的限制反應題取代少題長答的申論題

Unit 4-9
寫作題的命題原則

寫作能力的評量最常見的形式是「作文」，作文的評量也可被歸屬於實作評量的範疇，因為具有動手操作的特質，但因寫作都比較偏向認知能力的評量，因此本書歸屬於建構反應試題。以下列出常見的寫作題形式及題目編寫原則（王德蕙等，2013；李清筠，2019；曾佩芬，2017）：

一、寫作題的形式

寫作題可以使用三類方法來進行：一是直接法，即利用考生的實際寫作樣本來判斷寫作能力的好壞。另一為間接法，即是利用客觀測驗，讓考生辨識何者是有效語句、句子結構和文章組織等是否適當地被運用。至於折衷派則是試圖調和兩者，設計出兩種方式都使用，相互補充的題型。常見的寫作題形式如下：1.單句寫作，例如：國小國語的造樣造句、完成語句；2.文句重組，即把一段文章拆成幾個片段，弄亂次序，再要求學生重新排列；3.文章解讀，即依據作者的引述與闡釋寫一篇文章；4.引導寫作（guided writing），即透過文字或圖表，闡釋題義、提供寫作方向，其類型相當多元；5.命題作文，即自由寫作（free writing）。

二、寫作測驗題目的編寫原則

寫作教學的目的，不是培養作家，而是培養學生在生活中運用語文與人溝通的能力。寫作測驗最重要的評量標準，是看學生的表達是否符合情感的真實、思考的清晰、解讀的正確、情境的符應。教師在評量學生寫作能力時，要遵循下列的原則命題：

（一）好的作文題目應能符合五個標準

這五個標準是：1.貼近生活，關注社會脈動；2.開放、多元，尊重學生特色；3.立基於觀察體驗，以抒發真情實感；4.題目具體清晰，能引導學生就題發揮；5.藉由適當的引導，啟發學生的想像力。

（二）確認題目的公平性

命題取材以普遍經驗、重要課題為原則，命題者要留意學生生活經驗的差異性，例如：城鄉差距、社經地位、宗教、族群等。

（三）考量題目的可操作性

為讓學生能夠發揮寫作能力，設計寫作題目時要注意以下事項：1.命題的限制不宜過大，讓學生有自由發揮的空間；2.寫作任務不可太複雜，考量學生實際可書寫的時間；3.素材可跨領域，但不涉及其他領域的先備知識；4.素材閱讀量不宜太大太難，太長的篇章（400字為上限）須自行改寫。

（四）題意引導類的問題意識要清楚、寫作任務要明確

題意引導類的說明或寫作提示要文字簡潔，清楚闡釋題意，而且能啟發思路、指引學生寫作的方向。

寫作題的形式

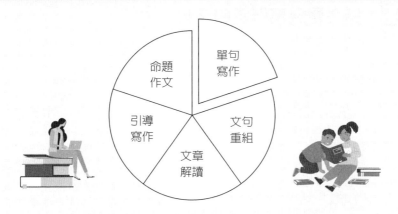

- 命題作文
- 單句寫作
- 文句重組
- 文章解讀
- 引導寫作

寫作測驗題目的編寫原則

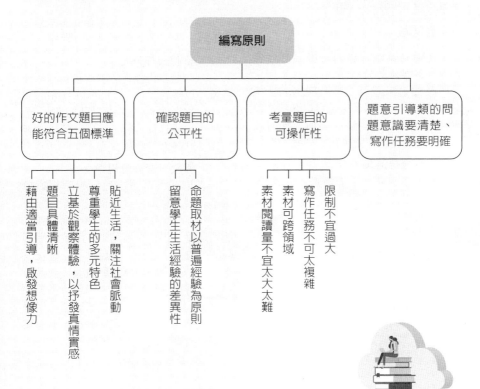

編寫原則

- 好的作文題目應能符合五個標準
  - 貼近生活，關注社會脈動
  - 尊重學生的多元特色
  - 立基於觀察體驗，以抒發真情實感
  - 題目具體清晰
  - 藉由適當引導，啟發想像力
- 確認題目的公平性
  - 命題取材以普遍經驗為原則
  - 留意學生生活經驗的差異性
- 考量題目的可操作性
  - 限制不宜過大
  - 寫作任務不可太複雜
  - 素材可跨領域
  - 素材閱讀量不宜太大太難
- 題意引導類的問題意識要清楚、寫作任務要明確

Unit 4-10
論文題與寫作題的評分

論文題與寫作題的評分被詬病之處為主觀性太強，像是會考、學測等大型考試，評分者在評分前如能經過訓練或講習，除了要給予機會熟悉評分標準之外，也要努力促進評分者間的一致性，當評分完全一致的比率高於 70%，評分結果才屬可靠。而且需要在評分流程中加入複閱的機制，當兩位評分者的分數差距過大時，由第三位評分者加以複閱（郭生玉，2016）。當然教室的評分沒辦法做到這麼嚴謹，但最好能遵守以下的評分原則（王德蕙等，2013；李坤崇，2019；曾佩芬，2017）：

一、論文題

（一）編寫試題時應同時準備好參考答案及計分標準

雖然這類題目並沒有嚴格的「標準答案」，但命題者還是可以列出在答案中應該具有的要點，作為「參考答案」，並列出各要點應給的分數。

（二）評分要前後一致

評分者容易在評分時前後不一致，一開始嚴格再愈改愈鬆。在評分時如能隨時參照最初所評閱的試卷，則能維持前後的一致性。

（三）避免無關因素影響評分的客觀性

論文題的評分容易受到筆跡的工整、錯別字等因素的影響，在評分時應力求以答案的內容為主，避免筆跡、錯別字等因素影響評分的高低。

（四）一次評閱一道試題

當評分者同時評閱幾個問題時，前面問題得高分，其他問題也趨向於給高分，這種現象稱為月暈效應（halo effect），最好的方式是一次評閱一道試題，待全部改完後再評閱另一試題。

（五）在同一段時間評閱完同一試題

不同時間評分往往容易導致評分的不一致，可能上午評與下午評的分數不一樣，因此最好在同一段時間內評閱完同一試題的所有試卷。

二、寫作題

寫作的評分除可參照論文題的評分原則外，尚可分成兩大類進行評分：

（一）整體式評分

教師將寫作能力的評量視為總結性評量，以整體式評分（holistic scoring）將學生的寫作能力由劣至優區分為一至六級分，或是打分數定高低，學校段考的作文測驗常用此種方式。

（二）發展一套評分規準

在形成性評量方面，較理想的做法是針對立意取材、結構組織、遣詞造句，以及「錯別字、格式與標點符號」等四向度，提供更多清晰、明確的建議陳述或評語，這樣才能協助學生真正改善其寫作能力。也就是要發展一套評分規準，詳細列出寫作能力表現特徵及品質等第的描述等項目，接著練習使用以評分規準評定學生的作文表現，進而協助學生改善自己的寫作技巧。

論文題的評分原則

1.編寫試題時應同時準備好參考答案及計分標準

2.評分要前後一致

3.避免無關因素影響評分的客觀性

4.一次評閱一道試題

5.在同一段時間評閱完同一試題

寫作題的評分原則

整體式評分
- 將寫作能力的評量視為總結性評量
- 將學生的寫作能力由劣至優區分為一至六級分，或是打分數定高低

發展一套評分規準
- 平時的寫作練習時，視寫作為形成性評量
- 針對立意取材、結構組織、遣詞造句，以及「錯別字、格式與標點符號」等四向度，提供明確的建議陳述或評語

第 **5** 章

多元評量

 章節體系架構 ▽

Unit 5-1
多元評量的意義與特質

圖解學習評量

104

多元評量是目前學習評量的新趨勢，本單元首先探討多元評量的意義與特質。

一、多元評量的意義

多元評量不是一種評量的方式，而是強調評量的多元化，在評量學生學習表現時，要使用兩種或兩種以上的適切方式。郭生玉（2002）認為多元評量的意義是利用不同型態的評量方式，來解決學生學習困難的地方，使學生在各方面的能力都可健全發展，以達到最大的教學效益。這樣的定義不是只有著眼於評量方法的多樣性，同時也要能評量出學生的多元能力。

多元評量的發展受到「多元智慧理論」（multiple intelligence theory）的影響，迦納（Gardner, 1983）認為人類的智慧包含以下八種：語文、邏輯—數學、音樂、空間、肢體—動覺、人際、內省、自然觀察。傳統的評量只注重分數與等第之別，且偏重語文智能與邏輯—數學智能的部分，因此對於擁有其他優勢智能的學生並不公平。迦納認為教師應認真地考量每個人的個別差異，在面對不同的學生，教師應該運用更多元化的評量方法、利用更多元的管道來幫助學生發展各項的能力（李平譯，2003）。

二、多元評量的特質

多元化的評量具有以下的特質（李坤崇，2006）：

（一）專業多元

多元評量的專業素養，不僅應具學科專業素養與掌握教學目標，更應包括教學專業素養、評量專業素養。

（二）內涵多元

教師實施學習評量時，評量內涵除考慮認知、情意、技能外，尚須兼顧學生的學習歷程、生活世界與社會行為。

（三）過程多元

評量過程應顧及安置性評量、形成性評量、診斷性評量、總結性評量。評量不僅是預測學生未來、評定學習成果，更要協助學生在教學歷程獲得最好的學習。

（四）方式多元

評量不限單一客觀的紙筆測驗，應依學習領域內容及活動性質，兼採口試、表演、實作、作業、報告等方式，顯現評量方式多元化、彈性化。

（五）人員多元

參與學習評量人員應可包括教師、學生同儕、自己、家長等，參酌學生自評、同儕互評。除評量人員多元化外，也要顧及互動化原則，教師與家長、學生充分溝通討論評量的方式。

（六）結果呈現多元

教師呈現評量結果宜多元化、適時化、全人化。多數教師呈現評量結果時，僅呈團體相對位置的常模參照分數或呈現及格與否的標準參照分數，而忽略自我比較的努力分數，也未適時提供學習進步或惡化狀況，致學生頻遭挫折或喪失立即補救時機。

多元評量的意義與發展

| 多元評量的意義 | • 多元評量不是一種評量的方式，而是強調評量的多元化
• 其目的也要能評量出學生的多元能力 |

| 多元評量的發展 | • 受到「多元智慧理論」的影響
• 鼓勵教師運用多元化的評量方法，來幫助學生發展各項的能力 |

多元評量的特質

多元評量的特質	專業多元	專業素養多元
	內涵多元	評量內涵考慮因素
	過程多元	兼顧診斷、形成及總結評量
	方式多元	筆試、實作、作業等形式
	人員多元	教師、學生同儕、自己、家長都可參與評量
	結果呈現多元	常模、標準參照、自我比較皆可

Unit 5-2
學習單的設計

多元評量最常見的方式是使用學習單（worksheet），學習單與習作很接近，但因為統一制式的習作作業不能滿足所有教師的需求，因為不能符合不同地區學生的差異，因此教師針對特殊教學情境、特別需要強調的學科重點、學生的學習情況所設計的學習單，更能夠貼近教師教學的需要。以下分別就學習單的定義與設計原則說明之（何宜康，2006；葛康馨，2008；張民杰、林昱丞，2017；鄭圓鈴，2013）：

一、學習單的定義

學習單為教師在教學活動時所設計的一種活動設計單，此種活動設計兼具教學活動架構與評量的功能。教師要配合教學目標、課程內容，設計問題、表格、圖像，以引導學生即時進行學習內容的記錄、練習、思辨、操作等活動，達到強化學習的效果。

二、學習單的設計原則

認知型的學習單太多，導致學生填寫的意願不高，教師在使用學習單時，要引導學生完成學習目標，因此在設計學習單時要注意以下原則：

（一）以學生學習為中心

學習單的版面設計、指導語的說明、問題的設計等，均需以學生為中心來考量。

（二）以教學目標為依歸

教師需認清學習單不是習作或測驗卷，且必須明確掌握教學目標，應儘量避免知識及記憶等低層次的內容，而著重實作評量或高層次的認知學習。

（三）配合教學內容與歷程

多設計探索性和活動性的學習單，也可採開放性的問答，或是要求分析、統整、比較，提升學生的思維能力。

（四）學習順序要分明

學習單肩負著自學引導的角色，故在設計時更應注重學習順序的編排，核心學習內容應由簡而繁、由淺入深，聚焦關鍵部分，突顯其重要性。

（五）學習指令要清楚

對於如何完成學習單中的內容，必須要有適切的提示或說明，例如：活動流程解說、如何配合課程進度、清晰的成果目標等，語意要簡單明瞭。

（六）注重趣味化及生活化

學習單除了有用之外，也要有吸引力，讓學生產生興趣，因此學習單內容要能夠活潑、生動、有趣、多元化。國小階段的學習單最好能強調遊戲、趣味化的功能。

（七）型式多樣化

除個別完成外，也可設計同儕合作或親子共同完成的學習單，兼重團體學習與個別學習。學習單的活動，也可以包括不同技能的訓練，例如：觀察、寫作、資訊運用、資料分析、訪談、記錄、繪圖、讀圖、統計、設計、推理、判斷等，使學生有新鮮感和挑戰性。

（八）事先規劃批改方式

教師在設計學習單之前，最好有完善的批改方式規劃，不要造成教師太多的負擔。

學習單的定義

學習單的定義	• 教師在教學活動時所設計的一種活動設計單 • 此種活動設計兼具教學活動架構與評量的功能，可達到強化學習的效果

與習作的差異	• 統一制式的習作不能滿足所有教師的需求，因為不能符合不同地區學生的差異 • 教師針對特殊教學情境、學科重點、學生的學習情況所設計的學習單，更能夠貼近教師教學的需要

學習單的設計原則

1.以學生學習為中心

2.以教學目標為依歸：著重實作評量或高層次的認知學習

3.配合教學內容與歷程：多設計探索性和活動性的學習單

4.學習順序要分明

5.學習指令要清楚：內容必須要有適切的提示或說明

6.注重趣味化及生活化

7.型式多樣化：兼重團體學習與個別學習，以及技能的學習

8.事先規劃批改方式

Unit 5-3
遊戲化評量

隨著課程改革的落實，國中小紛紛辦理過關評量、分站評量等，因其較傳統評量更具遊戲化，因此稱爲「遊戲化評量」，李坤崇（2019）則稱之爲「系列實作評量」。

一、實施原則

遊戲化評量適用對象從幼兒到大學生，但是幼兒園及國小階段較常使用。這類評量最常用的形式爲通關後蓋章，蒐集4-5章可以兌獎或參加摸彩，對學生而言可以身歷其境，又有增強物可拿，因此廣受學生喜愛。在實施時須注意下列原則（李坤崇，2019）：

（一）遊戲不可與教學目標脫節

若活動與教學目標脫節，將只是純粹遊戲，無法發揮學習評量功能，因此在設計活動時，應指出與教學目標、評量的關係。

（二）以安全爲最重要原則

遊戲時容易出現因活動場地、器材設備、同學玩耍、活動本身而產生危險狀況，教師應以活動的安全爲最重要原則。

（三）擬定完整的實施計畫

教師實施遊戲評量時，應擬定完整的實施計畫，評量方法、計分方式、工作分配、活動位置圖、經費等務必詳列，待校長核定後方可實施。

（四）辦理行前講習或事前模擬遊戲

這類活動必須仰賴其他教師、家長或小組長的協助，因此事前的講習相當重要，除發給協助者活動說明單外，最好能輔以口頭說明或事先模擬遊戲活動的過程。

二、遊戲化評量實例

（一）幼幼客語闖通關

此評量目的聚焦在幼兒客語的聽、說能力，共設有五個關卡，每個關卡約需 2-3 分鐘，完成五關約 10-15 分鐘，每個情境關卡均有 2 個成人，1 人爲施測員，1 人爲計分員。幼兒必須依序從第一關到第五關進行闖關，闖完五關才算完成闖關程序。茲以第二關爲例，說明其評量方式。第二關的主題是天氣變化及生病，主要是認識天氣、因應天氣要帶／穿什麼，以及幼兒常見的看醫生情境。施測方式是轉扭蛋機，有聽力、口說各一台，幼兒轉出扭蛋以後，再依照施測員的提示指出正確圖片，以及回答圖卡內容，聽力扭蛋機裡有四套題目，口說扭蛋機裡有兩套題目，施測員依據幼兒轉出的扭蛋紙條內容來提問（謝妃涵，2022）。

（二）國小多元文化闖關活動

台東縣康樂國小（2021）實施多元文化闖關活動，全校共設計22關，以十二年國教相關議題爲教學目標，讓學生在兩小時內自由到各關卡闖關，達成標準的學生贈送獎勵卡。有一站名稱爲：「打擊性別刻板印象」，其活動爲抽籤進行性別刻板印象辯證，念出抽到的刻板印象，說出我不同意，並說出原因。幼兒至三年級主要依提示說出或念出，四至六年級以提出或說出自己的想法爲主。

遊戲化評量實施原則

遊戲不可與教學目標脫節

- 活動應指出與教學目標、評量的關係

以安全為最重要原則

- 注意活動場地、器材設備、同學玩耍而發生意外

擬定完整的實施計畫

- 評量方法、計分方式、工作分配、活動位置圖、經費等務必詳列

辦理行前講習或事前模擬遊戲

- 請家長或小組長協助
- 事前的講習相當重要

幼幼客語闖通關實例

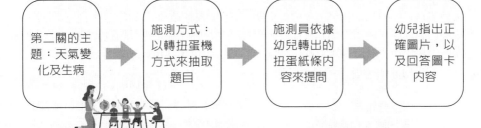

第二關的主題：天氣變化及生病 → 施測方式：以轉扭蛋機方式來抽取題目 → 施測員依據幼兒轉出的扭蛋紙條內容來提問 → 幼兒指出正確圖片，以及回答圖卡內容

國小多元文化闖關活動實例

活動名稱：打擊性別刻板印象 → 學生抽籤進行性別刻板印象辯證 → 念出抽到的刻板印象 → 說出我不同意，並說出原因

Unit 5-4
同儕互評

同儕互評（peer assessment）是讓有相同學習背景的同儕，針對彼此的作品或作業，以貼近彼此的語言進行相互評量，藉由同儕互評，學習者在評量同儕的作品時，同時也反思自身的作業（許雅涵、吳毓瑩，2004）。以下分別說明實施方式與優缺點（張家慧、蔡銘修，2018；于富雲、鄭守杰，2003；王素幸，2009）：

一、實施方式

（一）事前告知評分標準

教師應於作業進行前告知評分標準，並於課堂上與學生討論此標準。藉由討論可讓學生了解每個評分向度，如此學生在構思作品時，可依此評分標準去建構自己的作品，也可依此標準去檢視同儕的作品。事前告知評分標準，有助於引導學習者監控自我學習的歷程。

（二）以口頭或書面方式進行互評

同儕互評較常應用在口頭發表、作品欣賞、檔案評量等方面，教師發給同儕互評表，上面寫上評分標準，即以口頭或書面的方式進行。但互評容易導致同儕間競爭或排擠的情感效應，而使得公平性受到質疑。為考量評分的公平性及人際關係的和諧，實施同儕互評時應採匿名評量，或由教師對於評分者加以保密。

（三）互評、教師評分的比重分配

同儕作品互評中，學生的分數是由互評、教師評分所構成，有些教師會加上自評的分數，這時教師需權衡三者的比重分配。剛開始實施互評，學生對於運作機制及評分標準尚未完全掌握，建議教師評分的比重可多占一些。

（四）提供適當的回饋機制

教師除提供明確的評分標準，讓受評者可看到量化的分數回饋外，教師及評量者可提供質化的評語，一方面可增加學習者的學習動機，一方面可訓練評量者的溝通表達能力。

（五）建立網路同儕互評系統

為解決傳統同儕互評的缺失，可由教師或研究者利用電腦應用軟體而設計出一套互評系統，使學生能透過網路進行同儕互評的活動。透過網路來執行評量同儕的工作，除可免去面對面評量，亦可保證匿名並促進評量的意願。

二、同儕互評的優缺點

學生在評論其他人作品時，先要仔細觀摩別人的作品，而批判他人作品之優缺點就是在進行批判思考（critical thinking），這樣賦權歷程（empowerment）有利主動學習的進行。因此學者認為同儕互評的優點包括：1.促進高層次思考的運作；2.增加學習動機；3.鼓勵主動學習。然而，同儕互評在教學運用上可能遇到的問題以及相伴隨而來的可能限制也不少，例如：學習焦慮較高、評量分數或等第未能反應學習成果、評審人專業知識不足因而缺乏建設性的評語等（鄭守杰，2003；于富雲、鄭守杰，2004）。

同儕互評實施方式

1.事前告知評分標準：與學生討論評分標準

2.以口頭或書面方式進行互評：建議採用匿名評量

3.互評、教師評分的比重分配

4.提供適當的回饋機制：量化的分數及質化的文字評語

5.建立網路同儕互評系統

同儕互評的優缺點

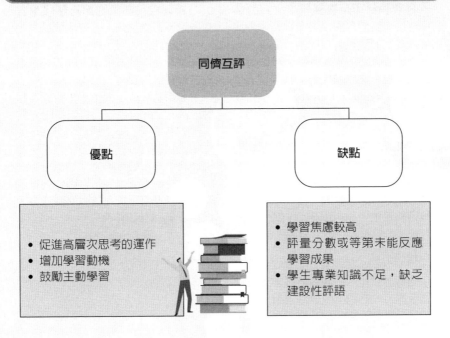

同儕互評

優點

缺點

- 促進高層次思考的運作
- 增加學習動機
- 鼓勵主動學習

- 學習焦慮較高
- 評量分數或等第未能反應學習成果
- 學生專業知識不足，缺乏建設性評語

Unit 5-5
自我評量

在單元1-2中提到評量的三種取向，其中「評量即學習」取向，認為學生本身不僅對評量和學習歷程有貢獻，經由學生主動參與評量，可使學生檢視自己的學習，並使用這些回饋來調整、適應，甚至改變自己的學習（江文慈，2007）。自我評量（self-assessment）是落實這個取向的策略之一，經由學生定期反省他們的工作，並判斷如何做得更好，至於是否與別人比較就沒那麼重要，重要的參照點是學生先前的工作表現，以及持續的學習目標（江文慈，2004）。以下就意義、實施與優缺點說明之（江文慈，2004；賴美言、詹喬雯譯，2011）：

一、自我評量意義

自我評量即是提供學生自我評估的機會，或對他們的學習過程和學習成果，依據他們與教師共同制訂的規準加以評判，可以促使學生評判自己的能力和表現，也可使學生成為自我調整的學習者（self-regulated learners）。學生在學習時，大部分的學生已經在對他們的工作進行非正式的評估和自我回饋，例如：當學生在繳交作業之前會事先校對，試著去更改錯誤之處。雖然在學習過程中，自我評量並未被視為一項技能而進行教學，但是教師仍可經由對學生的鼓勵和賦權（empower），使學生能更有效率地對自己進行評量。

二、實施方式

自我評量是一種適合各種教學目標的評量方式，經過審慎評估之後，可以發現這是用來改善、提升學生學習狀況

的良好方式，但是教師卻很少使用這種評量方式，就算使用也不會列入平時成績之中。為改善這種現象，在學習歷程檔案即採用自我學習評量的優點，由教師設計問題引導學生進行反思，例如：我為什麼選擇這件作品，其理由為何？而情意評量之中經常會用到「自我檢核表」，由學生自行勾選自己在教學活動的表現情形。事實上，教師可以應用自我評量的機會是相當多，當學生寫完作業、學習單、平時考時，教師可以一邊訂正，一邊由學生自行評分，再由教師收回核對。經由這樣的歷程，學生可以了解自己錯在哪裡，對其學習會有正面的幫助。

三、優缺點

贊同自我評量者認為讓學生自己評分是不錯的想法，若學生能誠實地檢討，能夠讓他們更了解自己的問題和所擅長與不足的地方。但反對者認為每位學生對自己的要求與標準不同，難以公平、客觀地評分，加上學生會顧及自己的成績，當然會為自己打較高的分數。

自我評量的原本用意，是在促使學生做自我探索，自我反省，也是將評量視為教學的一環，不是在強調分數的競爭。對於缺乏公平性、客觀性的批評，學校還有定期評量及其他的評量方式可以評量學生的學習成果。

自我評量的意義

提供學生自我評估的機會

學生與教師共同制訂的評分規準進行評判，可以促使學生評判自己的能力和表現

目的在使學生成為自我調整的學習者

113

自我評量的實施方式

寫完作業、學習單、平時考時，教師一邊訂正，一邊由學生自行評分

學習歷程檔案由教師設計問題，引導學生進行反思

情意評量之中使用「自我檢核表」

自我評量的優缺點

自我評量的優點	• 能夠讓學生更了解自己的問題，以及擅長與不足的地方 • 促使學生做自我探索，自我反省，並將評量視為教學的一環，不強調分數的競爭

自我評量的缺點	• 學生對自己的要求與標準不同，難以公平、客觀地評分 • 學生會顧及自己的成績，會為自己打較高的分數

Unit 5-6
觀察評分

紙筆測驗比較偏重認知方面的評量，有時候教師需要使用觀察等方法來評量技能與情意範圍的學習結果，例如：學生的興趣、態度、群性、音樂、美術、動作技能等。這些學習結果雖然不易測量，但卻是教育的重要目標，因此我們不能因為不易測量而放棄，還應設法改善測量的技術，以提高測量工具的信度和效度（台灣省政府教育廳，1984）。使用觀察方式進行評分，一定要進行記錄，常用的方式是軼事記錄（anecdotal records）。以下先就觀察的意義、特徵及優缺點說明之（李坤崇，2006；陳英豪、吳裕益，1998；歐滄和，2007；台灣省政府教育廳，1984）：

一、觀察評分的意義及特徵

觀察就是教師親自觀察學生的行為，受觀察者是一個或兩個以上的學生，觀察的情境可以是在教室內、操場、遊戲場所等。所觀察的是學生外在行為表現，教師可依不同的主題採用不同的記錄方式，如軼事記錄、評定量表（rating scales）或檢核表。所要觀察的重點有以下四項：1.觀察學生表現並加以描述及評分，例如：學生的演說。2.觀察並判斷成品的品質，例如：評定書法、美術作品。3.評定學生的社會關係。4.學生的興趣、特質等。

二、觀察評分的優缺點

觀察評分是教師依據教學目標來擬訂所要觀察的行為，觀察後並予以妥善記錄，以作為評量學生學習表現或輔導行為之依據。以下為觀察評分之優缺點：

（一）優點

1. 每日觀察學生的行為表現，可以隨時檢核學生的成就。當發現學生的錯誤時，也可隨時予以糾正。
2. 觀察法可在不影響正常的教學和訓練之情況下，來評定某些重要的教學結果。
3. 觀察法可廣泛應用到非認知學習方面，例如：合作、主動、熱心，以及各學科進步情形的評量。

（二）缺點

1. 不易擬訂觀察計畫

教師必須考慮到各課程和單元的主要目標，並找出有哪些學習目標最適合採用觀察法來評分，再指出最能代表學生達成目標的外顯特質，作為觀察的焦點。因此要做有系統的觀察計畫有其困難存在。

2. 不易提高觀察結果的可靠性

觀察評分易受到下列因素的影響：(1)易受到學生過去的紀錄和行為表現的影響；(2)易將所有的學生評定相同的等第，喪失區分學生程度的作用；(3)易受月暈效應的影響，例如：生性活潑的學生，同時受教師、同學的喜歡。

3. 觀察與教學不易協調

觀察評分易受到使用技術的影響，有時候教師要在教學時同時進行觀察，這樣容易手忙腳亂，觀察的可靠性不高，教師須妥善運用非教學的時間來實施觀察。

觀察評分的意義

教師親自觀察學生的行為並加以記錄	• 受觀察者是一個或兩個以上的學生 • 觀察的情境可以是在教室內、操場、遊戲場所
觀察評分可評量技能與情意範圍的學習結果	• 例如：學生的興趣、態度、群性、音樂、美術、動作技能等 • 這些學習結果不易測量，但卻是教育的重要目標
使用觀察評分，一定要進行記錄	• 記錄方式如軼事記錄、評定量表或檢核表 • 常用的方式是軼事記錄

觀察的重點

觀察的重點

- 觀察學生表現並加以描述及評分
- 觀察並評判成品的品質
- 評定學生的社會關係
- 學生的興趣、特質等

觀察評分的優缺點

優點

 每日觀察學生的行為表現，可以隨時檢核學生的成就

 可在不影響正常的教學情況下，來評定某些重要的教學結果

 可廣泛應用到非認知學習方面，例如：合作、主動、熱心等

缺點

 不易擬訂觀察計畫，要做有系統的觀察有其困難存在

 不易提高觀察結果的可靠性，容易受其他因素的影響

 觀察與教學不易協調，容易手忙腳亂

Unit 5-7
軼事記錄

在進行觀察評分時，教學經驗豐富的教師常能將所觀察到的結果銘記在心，但是人的記憶究竟有限，加以學生人數多，若要全憑記憶實在不可能，教師最好有計畫的準備表格，隨時記錄以免遺忘。軼事記錄法是將所觀察到的現象加以記錄，特別是單一學生的特殊行為。以下就其性質及注意事項加以說明（李坤崇，2006；陳英豪、吳裕益，1998；王文中等，2011; Wright, 2008）：

一、軼事記錄法性質

在觀察學生行為之中，將有意義事件做有系統的紀錄，稱之軼事記錄，每一偶發事件在發生後即作簡短的紀錄，以此軼事記錄作為評量佐證資料。特別是班級有些學生上課不專心、考試成績欠佳、有偏差行為出現時，可以使用此方法詳細記錄學生的行為，如果要找家長面談時，可以呈現這些記錄，讓家長了解學生在學習時的表現。教師平常應準備一張張個別的卡片或是筆記本作為記錄事件之用，其格式如右頁表格。在撰寫記錄時，要能遵守五項原則：1.敘述簡單、具體，勿過於冗長；2.可依時間順序簡明描述學生事件發生的情況；3.勿撰寫類推性的描述軼事；4.勿撰寫評鑑式的軼事，即不作價值判斷；5.不解釋學生行為的原因。軼事記錄應客觀描述事件，與行為意義的解釋分開敘述，每一軼事記錄應分開記錄於不同卡片，便於往後依據行為發生順序或類別整理。

二、使用軼事記錄的注意事項

軼事記錄所受的詬病有：記錄費時費力、難保持客觀態度、難以取得具代表性的行為樣本等。當教師在使用軼事記錄時，若能留意以下的注意原則，對於上述缺失的改善必能有所助益。這些原則說明如下：

1. 要事先決定所要觀察的行為，但對於不尋常的行為要特別警覺。例如：將焦點集中在少數特定行為，或只針對需要特別協助的學生。
2. 要忠實地記錄學生各種行為的情境資料，包括時間、地點與行為表現等單一特殊事件的簡要描述，避免使用帶有價值判斷的用字。
3. 正面和負面的行為事件均應記錄，觀察時可先簡要地記錄線索，盡可能在事件發生不久後找出時間做詳細記錄。
4. 需蒐集足夠的軼事記錄後，才可推論學生的行為型態。
5. 進行真正的軼事記錄之前，要先有充分練習的機會。

軼事記錄範例

姓名：李小華	時間：2022年9月27日10時
地點：教室	觀察者：歐老師

事件	上課時，老師請各組討論班級公約的內容，討論後各組派一名代表報告，小華代表該組報告，他遲疑地說：「要遵守校規、要遵守班級規定，……」其他組員紛紛提出質疑，小華站在台上開始覺得不知所措，接不上話。老師適時伸出援手，請他繼續說出小組討論的內容，他繼續慢慢地說：「愛惜公物、友愛同學、尊敬師長。」報告完後，面帶笑容走回座位。
解釋	小華平時上課發言的機會不多，很少主動發表意見，小組討論參與度也不高，今天難得被小組指派代表上台報告，站在台上就有點退縮，經老師鼓勵增強，才完成報告的工作。此事件顯示小華逐漸能明確表達團體或自己的想法和感受。

資料來源：李坤崇（2006，頁371）。

撰寫軼事記錄原則

1.敘述簡單、具體，勿過於冗長

2.可依時間順序簡明描述學生事件發生的情況

3.勿撰寫類推性的描述軼事

4.勿撰寫評鑑式的軼事，即不作價值判斷

5.不解釋學生行為的原因

使用軼事記錄的注意事項

1.要事先決定所要觀察的行為，但對於不尋常的行為要特別警覺

2.要忠實地記錄學生各種行為的情境資料，包括時間、地點與行為表現等

3.正面和負面的行為事件均應記錄，觀察時可先簡要地記錄線索

4.需蒐集足夠的軼事記錄後，才可推論學生的行為型態

5.進行真正的軼事記錄之前，要先有充分練習的機會

Unit 5-8
口頭問答

　　口頭問答（oral questions and answers）或稱爲口頭發表（oral presentation），是師生之間面對面，由教師口頭提出問題，再要求學生當場以語言作反應，因此基本上是個別化評量的方式，口頭問答形式可以分成晤談、口試、課堂問答和口語表達測驗（歐滄和，2007）。在語言相關課程的評量方面，經常會用到口試（oral examination），例如：演說、辯論、朗讀、看圖說故事等。近來教師喜歡用合作學習法進行教學，其中各組的口頭發表即屬評量的形式，再與同儕互評相結合。口頭問答的評量方式，其形式有以下幾種：

一、晤談

　　晤談（interview）是一種有目的的雙向溝通，通常是一對一，或採小組形式，以面對面的方式進行溝通。教師可以用晤談來了解學生對於學科的興趣、學習態度、學習困難、人際關係等，所以晤談比較適合用來做學習困難診斷或情意方面的評量。在認知方面，適合採用放聲思考方式，請學生在解決問題時，將其思考歷程表達出來。教師以此理解學生的思考歷程。

二、口試

　　口試是指要求學生以口頭回答問題，其應用相當廣泛，例如：論文口試、求職的口試等，口試除了能評量溝通表達能力外，也能了解受測者的應變能力、人格特質等。在中小學方面，口試適合應用在小學低年級或有讀寫障礙的學生；學科方面，國語的說話、外語、本土語言、表演藝術等，都很適合使用口試進行評量（歐滄和，2007）。演講比賽亦是口試的一種形式，通常由教師直接點名班上口語表達及台風較優異的學生代表參賽，接受指導的只是少數的精英學生。爲達到國民教育的普遍性原則，教師可在班上辦理演講比賽，先說明評分規準，並示範優良與不良的行爲，再讓學生上台演講，演講完後由同學及教師給予回饋（田耐青、吳麗君、張心容，2020）。

三、課堂問答

　　課堂問答即是「提問」，教學過程中，常會對學生提問，但是教師較少將提問納入評量之中。如果要將此列爲評量項目，教師可以在上課前先擬定所要發問的問題，在發問時要讓學生了解問題的重心。當學生回答完畢之後，要記得記錄學生答案的對錯。

四、口語表達測驗

　　口語表達測驗在形式上和口試、課堂問答非常相似，可以在教學過程中進行，也可以像口試以一對一的方式實施。其方式有：1.複誦；2.朗讀；3.看圖說話；4.短講（short talk）。短講類似上述的演講，但時間只有3-5分鐘，學生不用事先準備講稿，因此題目要切合學生的生活經驗，讓學生有興趣且有話可說（歐滄和，2007）。

口頭問答定義

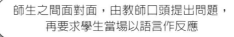

師生之間面對面，由教師口頭提出問題，再要求學生當場以語言作反應

基本上是個別化評量的方式

適用語言相關課程的評量，例如：演說、辯論、朗讀、看圖說故事等

口頭問答定義

晤談	<ul><li>通常是一對一，或採小組形式進行溝通</li><li>用來了解學生對於學科的興趣、學習態度、學習困難、人際關係等</li><li>可用放聲思考方式，請學生在解決問題時，將其思考歷程表達出來</li></ul>
口試	<ul><li>指要求學生以口頭回答問題，其應用相當廣泛</li><li>除了能評量溝通表達能力外，也能了解受測者的應變能力、人格特質等</li><li>適用於國語(文)、外語、本土語言、表演藝術等學科</li></ul>
課堂問答	<ul><li>即在教學過程中，教師對學生的提問</li><li>教師在上課前先擬定所要發問的問題，當學生回答後，要記錄學生的表現</li></ul>
口語表達測驗	<ul><li>與口試、課堂問答非常相似，可以在教學過程中以一對一的方式實施</li><li>其方式有：1.複誦；2.朗讀；3.看圖說話；4.短講</li></ul>

第 **6** 章

實作評量

● 章節體系架構 ▼

Unit 6-1
實作評量的意義

　　以往教學爲了顧及施測的方便性與評分的客觀性，大多是使用選擇題的方式來評量學習成效，但近年來受到認知心理學的影響，對傳統的客觀式測驗及標準化測驗不滿，認爲傳統測驗對教學產生負面影響，例如：選擇題型式的評量導致教學著重於基礎的記憶知識，而且測驗內容與生活脫節，學生無法將所學應用在生活中，這些因素促使實作評量受到教育學者的大力支持與提倡（郭生玉，2002）。

　　實作評量（performance assessment）興起於美國 1990 年代初期，國內在推動教改時，亦將評量的革新列爲重點。實作評量的精神和方法具有多元化的特色，其形式包括建構反應題、書面報告、作文、演說、操作、實驗、資料蒐集、作品展示等，目前國民中小學學生成績考查強調多元評量，所列的評量方式大多數屬於實作評量（盧雪梅，1995）。多元評量是紙筆測驗加上實作評量或檔案評量，避免以紙筆測驗單一評量方式來呈現學生的學習結果。傳統的紙筆測驗主要在評量學生認知能力與記憶成果，其目的是爲學生打分數或評等第，以檢定學生是否通過該科之學習。然而，現今評量的功能，不只是判斷學生是否達到教學目標，還需要兼具教學功能，協助教師改進教學，進而促進學生達到學以致用的目的（柳玉清，2016）。實作評量對於改進傳統的評量方式，有其實質的意義與價值，因此實作評量的實施已日益普遍（張永福，2008）。評量的革新是否能夠達成，就看教師是否能夠落實多元評量。

　　何謂實作評量？實作評量是介於評量認知能力所用的紙筆測驗和將學習成果應用於真實情境中的二者之間，在模擬各種不同真實程度的測驗情境之下，提供教師一種有系統的評量學生實作表現的方法（余民寧，2017）。也就是教師透過模擬真實情境的活動，觀察與評量學生解決問題的歷程及設計製作的產品（謝如山、謝名娟，2013）。實作評量所強調的是測量學生在模擬的或真實的情境中的認知或實際操作能力，著重在高層級的問題解決能力。

　　實作評量也可稱爲變通性評量（alternative assessment）、另類評量，或真實評量（authentic assessment），另類評量主要強調評量方式有別於傳統的紙筆測驗和客觀性測驗，因此變通性評量包括真實評量、實作評量與檔案評量（謝如山、謝名娟，2013；單文經等，2006），但並非所有的實作評量都是真實評量，下一單元會探討二者的差異。

實作評量的發展

傳統評量缺失	➡	實作評量興起	➡	評量的革新

傳統評量缺失

- 選擇題型式的評量導致教學著重於記憶知識
- 測驗內容與生活脫節,學生無法將所學應用在生活中

實作評量興起

- 興起於美國 1990 年代初期
- 實作評量的精神和方法具有多元化的特色
- 其形式包括建構反應題、書面報告、作文、演說、操作、實驗、資料蒐集、作品展示等

評量的革新

- 避免以紙筆測驗單一評量方式來呈現學生的學習結果,因而提倡多元評量
- 評量的功能,不只是判斷學生是否達到教學目標,還要協助教師改進教學,進而促進學生達到學以致用的目的

實作評量的意義

1.
介於評量認知能力所用的紙筆測驗,以及將學習成果應用於真實情境之間

2.
模擬各種不同真實程度的測驗情境

3.
測量學生在模擬的或真實的情境中的認知或實際操作能力

4.
教師透過模擬真實情境的活動,觀察與評量學生解決問題的歷程,以及設計製作的產品

5.
可稱為變通性評量、另類評量,或真實評量

Unit 6-2
實作評量的內涵

實作評量期望引導學生在真實或有意義的情境下，應用所學的知識和技能來解決問題，學生不僅要記住知識，還要能做到活用知識。在此一理念之下，實作評量主要應用在以下四種類型的學習目標：1.深度理解，即知識與技能的應用；2.推理，即給予一個疑難問題去解決；3.技能，包含溝通和表演技能，以及動作技能；4.產品，如論文、報告和計畫等工作的成品（單文經等譯，2006；謝廣全、謝佳懿，2019）。

實作評量的重點，通常是放在實際表現的「過程」、「作品」，或二者的組合，視實際表現活動的性質而定，例如：溝通技能、心理動作技能、問題解決能力，以及情意特質等，強調實際的行為表現，比較無法藉由客觀式紙筆測驗作正確測量，而是需要教師根據學生的表現過程或最後所完成作品的品質來評量。實作評量的目的是希望了解學生能否將學習結果應用於真實情境，因此教師提供一個模擬真實的測驗情境，以此推知學生在真實情境下的實際表現技能為何，故實作評量又有「真實評量」之稱，可以提供更豐富的訊息，且較精確的評量學生的學習成果（柳玉清，2016）。

但並不是所有的實作評量都是真實性評量，真實性（authentic）表示強調評量題目要符合學生真實生活的運作之意。真實性評量是指評量題目不能讓學生僅靠記憶背誦、做單純的運算或圈選作答，而應該模仿真實世界的挑戰或任務，但真實任務的脈絡相當複雜，因此需要學生對於問題的脈絡有清楚的理解，然後整合所學運用在解決新的問題

上（吳清山、林天祐，1997）。當評量是在實際的情境脈絡中執行時，它才是一個真實評量，例如：教導學生寫一封道歉信，除可訓練學生的文字溝通能力外，也可實際應用於真實世界中。

另有一類評量稱為能力導向評量（competencies based assessment），其主旨在評量受試者「能實踐什麼」，而不只是「能知道什麼知識」，著重在實際產出成果的狀況，有學者稱為「表現評量」（鄭雅丰、陳新轉，2011）。實作評量與表現評量是有所差別，因為表現評量是在教師所設計的真實情境的評量活動中，學生透過觀察、記錄及有系統地蒐集資料，教師再依據一套標準，評斷學生所學得的知識和技能。其次，表現評量要求教師直接從學生的實際表現來評量其真正的能力，因此通常是在教學活動的過程中進行，而非教學完成後另找時間或另出題目來進行（廖鳳瑞、張靜文，2020）。實作評量是能力導向評量的上層大概念，能力導向評量是實作評量的一種作業類型。

實作評量主要應用

1. 深度理解，即知識與技能的應用

2. 推理，即給予一個疑難問題去解決

3. 技能，包含溝通和表演技能，以及動作技能

4. 產品，如論文、報告和計畫等工作的成品

實作評量的重點

1.	2.	3.
通常是放在實際表現的「過程」、「作品」，或二者的組合	強調無法以客觀式紙筆測驗實際測量出來的行為表現	教師提供一個模擬真實的測驗情境，以此推知學生在真實情境下的實際表現

真實評量、表現評量之比較

真實評量
- 強調評量題目要符合學生真實生活的運作
- 評量題目不能只讓學生做單純的運算或圈選作答，應該模仿真實世界的挑戰或任務

表現評量
- 又稱為能力導向評量，主旨在評量受試者「能實踐什麼」
- 教師直接從學生的實際表現，來評量學生的真正能力，因此通常是在教學活動的過程中進行

Unit 6-3
實作評量的特性

　　一般以為實作評量必定是要學生實際操作，但這只是學生表現的一種形式，從簡單的肢體操作到複雜的心智活動皆可使用，例如：完成一篇散文、設計一項方案等。其重點是要評量學生在真實情境之中，表現出他所學到的知識和技能。因此在與傳統紙筆測驗相比較之下，實作評量具有以下的特性（王文中等，2011；李靜如，2005；彭森明，1996）：

一、實作的表現

　　學生以實作的方式來表現他們對知識的理解，而實作評量的題目並不強調複雜性，實作的特質主要有：實行並完成一個任務和過程、表現知識的能力、學科應用、注重學習遷移的能力。

二、真實的情境

　　實作評量講求在日常生活中的運用，讓問題建立在真實情境的脈絡上，使實作評量更具意義，協助學生更加理解與掌握問題的性質。但是要確定問題的情境符合大多數學生的經驗範圍，避免偏袒某類型的學生。

三、弱結構的問題

　　為了模擬日常生活中問題模糊不清的特性，實作評量的問題情境應傾向模糊化，問題的設計傾向較不具結構的開放性問題，以測驗學生問題解決的創造性與統合性。

四、重視問題解決的過程與結果

　　實作評量能從學生操作過程去了解學生的思考歷程，也能了解學生的操作是否符合程序。實作評量要求的不是唯一正確或最好的答案，而是有系統的敘述問題、思想的組織、證據的整合和原創性等過程性的思考。

五、重視小組的互動

　　在真實的社會情境中，許多問題的解決可以透過社會互動的方式來達成，有些類型的實作工作經由小組互動，能激發彼此間的創造力與問題解決能力，亦能培養學生人際互動的技巧。

六、時間彈性

　　在極短的時間內評量學生的學習成效，往往過度窄化了學習的結果；通常高品質的答案需要較多的時間思考建構，應該儘量給予充裕的時間來解答，實作評量可以依照情境的需求，等待學生練習充裕之後再進行測試。

七、多向度的評分

　　針對較高年級的學生，可以設計出複雜且困難的實作評量，而此實作評量的評分系統至少應包含知識的產生、專業的研究及附帶價值三個層面。這類評量有的是根據學生的書面報告來評分，其他則須針對學生工作時所表現的過程予以評估，評分者都必須有專業訓練，也須有可用的共同標準，在多向度的判斷下才不致流於拼湊或草率。

實作評量的特性

1	實作的表現	• 以實作的方式來表現他們對知識的理解
2	真實的情境	• 讓問題建立在真實情境的脈絡上
3	弱結構的問題	• 問題情境應傾向模糊化
4	重視問題解決的過程與結果	• 從學生操作過程去了解學生的思考歷程
5	重視小組的互動	• 問題的解決可透過社會互動的方式來達成
6	時間彈性	• 高品質的答案需要較多時間思考建構
7	多向度的評分	• 多向度的判斷才不致流於拼湊或草率

實作評量評分系統的三層面

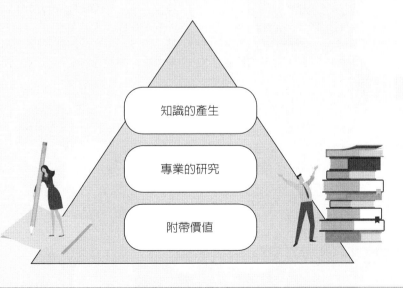

知識的產生

專業的研究

附帶價值

Unit 6-4
依限制程度所區分的實作評量

連續兩個單元要介紹實作評量的類型。實作評量的類型非常多元，依照評量重點不同，可區分為「過程評量」與「作品評量」二大類：過程評量即要求學生展現或執行某項歷程，觀察和評分的焦點在表現的過程；作品評量即要求學生創作或製作成品，觀察和評分的焦點在完成的作品（張永福，2008）。但是也有很多實作評量是兼重過程和作品的，例如：烹飪、繪畫等。最常用來區分實作評量的類型是依據限制程度及真實程度兩項標準所作的分類，依限制程度可區分為限制反應的實作評量（restricted-response performance tasks）及擴大反應的實作評量（extended-response performance tasks）兩類，以下分別說明之（余民寧，2017；陳英豪、吳裕益，1998；謝廣全、謝佳懿，2019；周家卉，2008）：

一、限制反應的實作評量

此類型的意義比較狹隘，是對反應的形式、內容、情境都有所限制，通常會以選擇題或簡答題的形式出現，可視為客觀式測驗的延伸，但必須與生活情境相連結。這類評量因為具有結構性，在實施上比較節省時間，且能回答較多的問題。然而無法測量到解決低結構性問題、資料統整和創新的能力。以下八個實例屬於此類型：1.寫一封求職信；2.大聲朗讀一段故事；3.用五塊直的塑膠片，隨意連結成三角形，並記錄其周長；4.決定兩個溶液何者含糖，並提出解釋支持此結論的結果；5.畫出兩城市每月平均降雨量的圖；6.用法文詢問前往火車站的方向；7.在未標示國家名稱的歐洲地圖，寫出幾個國家的名稱；8.小華知道有一半同學被邀請去小明的生日聚會，也有一半被邀請到小英的聚會，小華認為這些數目加起來百分之百，所以認為自己一定會被邀請到其中一個聚會。請解釋小華為什麼錯了，如果可能，使用圖表說明。

二、擴大反應的實作評量

擴大反應的實作評量要求學生從不同來源蒐集資訊，例如：到圖書館或網路上蒐集資料、做實驗、問卷調查、進行觀察記錄等。實作過程和結果都是此種評量的重要部分，結果的展現可以使用不同的方式，例如：圖表、照片或圖畫、建構模型等。學生在處理這類作業，需要花費較多時間，但可以自由修改，使學生能展現其選擇、組織、統整和評鑑資訊及想法的能力，因此可評量學生應用知識和技能解決問題的高層次思考能力。這類評量的實例如下：分組規劃一項宣導環保教育的活動、選擇喜歡的總統候選人並蒐集重大政策進行辯論、設計一項實驗驗證假設、準備並發表保護動物的演講等。

依評量重點所區分的類型

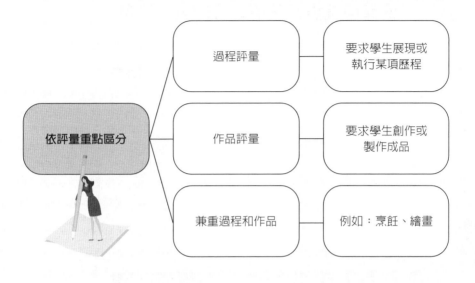

依評量重點區分	過程評量	要求學生展現或執行某項歷程
	作品評量	要求學生創作或製作成品
	兼重過程和作品	例如：烹飪、繪畫

依限制程度所區分的類型

限制反應的實作評量

1. 對反應的形式、內容、情境都有所限制

2. 以選擇題或簡答題的形式出現，但須與生活情境相連結

3. 在實施上比較節省時間，且能回答較多的問題

4. 無法測量到解決低結構性問題、資料統整和創新的能力

擴大反應的實作評量

1. 要求學生從不同來源蒐集資訊，例如：到圖書館或網路上蒐集資料、做實驗、問卷調查、進行觀察記錄等

2. 需要花費較多時間，但可以自由修改，使學生能展現其選擇、組織、統整和評鑑資訊及想法的能力

Unit 6-5
依情境真實程度所區分的實作評量

從評量情境的真實程度來區分實作評量的類別，可分為紙筆的實作評量、辨認測驗（identification test）、結構化表現測驗（structured performance test）、模擬的實作測驗（simulated performance）、工作樣本（work sample）等類（李坤崇，2019）。以下分別說明之（李坤崇，2019；陳英豪、吳裕益，1998；謝廣全、謝佳懿，2019）：

一、紙筆的實作測驗

這種評量著重在模擬情境下的知識與技能的應用，或作為在更真實情境中表現的初步評量。在紙筆的實作測驗中，經常會用到設計、擬定、撰寫、編製、創造等行為動詞，例如：要求學生繪製天候圖、設計電路圖、編製短篇故事等，這些作業都是透過紙筆表現，而且是知識與技能的應用。紙筆的實作活動亦可能僅是進入以後實作活動的第一步，例如：在學習操作光學電子顯微鏡，先從圖片情境中，學會儀器各部分裝置名稱及用法。

二、辨認測驗

由各種不同真實性程度的測驗情境所組合成的評量方式，例如：在某些情境下，可能只要求學生辨認一套工具或裝備的零件，並且指出其功用。而在較複雜的測驗情境裡，則可能會向學生詢問更特殊的表現作業問題，例如：找出電路發生短路的所在，並且讓學生辨認解決該問題所需要用到的工具或程序，在職業教育、生物、化學、外語、音樂、美術等學科經常使用。

三、結構化表現測驗

此類測驗可作為在標準且有控制的情境下進行評量的工具，測驗內容也許包括調整一部顯微鏡、找出某個電器發生故障的部位等，而測量表現的情境則是非常有結構性的，它要求每位學生都能表現出相同的反應動作。編製這樣的一份結構化表現測驗，和編製其他類型試題的成就測驗一樣，不過比較複雜些，使用時也許需要設定可被接受的最低表現水準是什麼。

四、模擬的實作測驗

學生需要在模擬的情境下，完成與真實作業相同的動作，所強調的是正確工作程序，例如：體育課程要求學生對著想像的球揮棒、社會科以角色扮演方式模擬法庭審判。在汽車駕駛的訓練中，特殊設計的模擬儀器可用來訓練和測驗之用。

五、工作樣本

這是真實程度最高的實作評量，要求學生在評量過程中，表現實際作業情境所需的真實技能。通常工作樣本必須包含實際工作中最根本的要素，而且需在控制的條件下去完成這些工作，例如：汽車駕駛技能的測量，學生被要求在標準的場地中練習，此場地即針對正常駕駛時最可能遭遇到問題情境而設計。學生在標準場地所表現出來的技能，即被認為在實際駕駛情境下，他已具備駕駛汽車的能力。

實作評量依情境真實程度所區分的類型

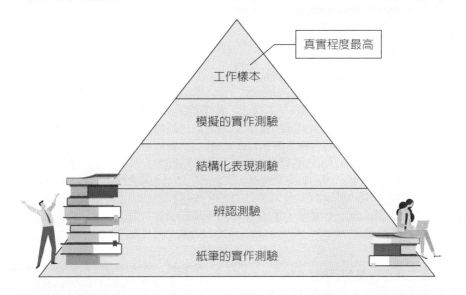

真實程度最高

工作樣本

模擬的實作測驗

結構化表現測驗

辨認測驗

紙筆的實作測驗

實作評量五種類型說明

紙筆的實作測驗	• 著重在模擬情境下的知識與技能的應用，或作為在更真實情境中表現的初步評量 • 經常會用到設計、擬定、撰寫、編製、創造等行為動詞
辨認測驗	• 在某些情境下，可能只要求學生辨認一套工具或裝備的零件 • 在較複雜的測驗情境裡，則可能會向學生詢問更特殊的表現作業問題
結構化表現測驗	• 測量表現的情境是非常有結構性的，它要求每位學生都能表現出相同的反應動作 • 例如：調整一部顯微鏡、找出某個電器發生故障的部位等
模擬的實作測驗	• 學生需要在模擬的情境下，完成與真實作業相同的動作，所強調的是正確工作程序
工作樣本	• 要求學生在評量過程中，表現實際作業情境所需的真實技能 • 通常工作樣本必須包含實際工作中最根本的要素，而且需在控制的條件下去完成這些工作

Unit 6-6
實作評量的實施步驟

實作評量強調活潑、眞實的特點，爲提高實作評量之信度、效度，必須注意實施步驟與評分工具的使用。不同教學單元與學習活動，可採用不同的實作評量方法，教師根據課程目標、評量目的、評量行爲表現、設計作業與設計評分計畫等層面，設計合適的實作評量計畫。以下爲設計實作評量的步驟（王文中等，2011；鍾怡慧、徐昊杲，2019；魯俊賢、吳毓瑩，2004；Airasian，2000）：

一、確立實作評量的目的

不同的評量目的會轉換不同形式的評量，因此在使用實作評量前先要確認評量的目的，例如：依據學科的主要概念，規劃所要測量的是認知或技能的過程或結果。

二、確認實作評量的表現標準

教師確定目的之後，接著要確認實作評量是要測量學生什麼樣的行爲表現，這些行爲表現稱爲表現標準。此時教師可使用「工作分析」，辨認所有眞實表現或作品的重要元素，此元素不僅是可觀察和判斷的，更應該是最重要的、最具代表性的內容與技巧作業。

三、設計實作評量的內容

實作工作和情境的選擇必須具有：1.個人的意義；2.挑戰性；3.學生的眞實世界經驗；4.需要應用學生在課堂之外所得到的知識和技能；5.評量學生遷移其知識和技能到類似或新活動的能力。在此階段可細分爲以下兩項來說明：

（一）實施評量的情境

表現標準確認後，教師需準備可供進行觀察表現成果之施測情境，這些情境可以是教室內自然發生，也可以是教師模擬眞實情境設計而成。例如：在正常班級活動中，每位學生很少會有單獨五分鐘上台演講的機會，因此教師必須特別安排和設計，才能讓所有學生有上台演講的機會。而朗讀則是班級教學常見的活動，在自然情境可以觀察學生的表現。

（二）設計工作的形式

實作的工作有簡單的也有複雜的，像非正式的口頭報告，對某些學生而言可能難度比較高，教師可以使用不同的方式讓學生呈現資料，例如：圖、表、畫、簡報、展覽等，以適合學生的程度爲原則。通常工作愈簡單或數目愈少，則所測得的學習目標愈少，其測量結果的信度愈低，結果解釋的效度也愈低。以下爲設計時考慮的因素：1.學習目標的多寡與複雜性，學習目標愈多或範圍愈大，則實作工作的數量會愈多。2.可用的時間，時間較多，工作數目可以多一點。3.可用的人力資源，是否有助手或家長可協助。4.小組或個人方式，若採小組形式，人數不宜超過六人，可學習共同解決複雜的問題。

四、設計評分的標準

評分標準亦可稱爲評分項目或評分方案，此步驟將在下一單元中詳細探討。

實作評量的實施步驟

確立實作評量的目的

- 依據學科的主要概念規劃所要測量的認知或技能

確認實作評量的表現標準

- 以工作分析確認所要測量的行為表現

設計評分的標準

- 評分項目或評分方案設計

設計實作評量的內容

- 實施評量的情境
- 設計工作的形式

133

設計實作評量的內容

設計實作評量的內容須考慮因素

（一）實施評量的情境

考慮是在教室內自然發生？或是模擬真實情境設計而成？

（二）設計工作的形式

設計時考慮的因素：1.學習目標的多寡與複雜性；2.可用的時間；3.可用的人力資源；4.小組或個人方式

Unit 6-7
評分規準的設計

實施實作評量時，教師先要設計評分規準（scoring rubrics）。評分規準是一套評估能力表現的指引，清楚列明表現標準及評分等級，以及所要評估的特點或範疇。良好的評分規準具有以下功能：教師向學生說明對於作業所期待的標準，而學生也可以依據它來進行、修改和評鑑自己的作業。在評量上評分規準可用來提高評分結果的客觀性與公平性（王文中等，2011、歐滄和，2007）。

一、評分規準的發展流程

評分規準是由三個基本要素所組成：1.評量的表現標準，即判斷成果優劣的標準；2.品質的定義，以具體且詳細的敘述，定義學生達成標準的表現程度內涵，以此區分學生實作表現的優劣；3.計分的方式，根據評量結果轉換成等第或分數（Reddy & Andrade, 2010）。其發展流程如下（國立台灣師範大學教學發展中心，2020）：

1. 從課程的學習目標來設定評分規準的評量標準，並評估課程適用整體型或分析型評分規準。
2. 建立定義清楚的4-8項評量標準，避免太瑣碎或抽象詞彙，例如：句子結構、詞彙選擇、連貫性及內容正確性等可結合成為「文章品質」標準。
3. 分析型評分規準須列出各項表現標準的評分範圍，通常各標準的權重是不一樣的，而在用詞上儘量以正向詞彙為主。
4. 使用同儕回饋需在上課時與學生溝通，確認學生了解評分規準。

二、常用的評分方式

實作評量較常用的評分方式，可分為整體型評分規準（holistic scoring rubrics）和分析型評分規準（analytic scoring rubrics），前者適用總結性評量，若用於診斷困難與了解學生表現水準，則最好使用分析型評分法。

（一）整體型評分規準

即針對學生整體反應品質加以判斷的一種評分方式，只須給予一個總分。一般來說有採用三至四層級的分類來評分，例如：不佳、普通、優秀。而在兩個向度所構成的每一個細格裡都有說明文字，用來界定每一層級的狀況。這種評分規準容易了解、計分快速，適合總結性評量及大規模施測。缺點則是回饋訊息不夠明確，學生可能因不同原因得到相同分數（柳玉清，2016；王文中等，2011）。其格式如右頁中間表格所示。

（二）分析型評分規準

將學生的學習成果區分成幾個特定、可觀察的標準或指標，雖然評分時比較花時間，但是能產生多向度的評分結果，反映出學生學習成效的輪廓，提供學生了解本身學習的優點與不足之處。其缺點則是計分費時，適合形成性評量，較不適合大規模的正式測驗（柳玉清，2016；Reddy & Andrade, 2010）。其格式請參見右頁最後一個表格。

評分規準的發展流程

1	2	3	4
從課程的學習目標來設定評分規準的評量標準	建立定義清楚的4-8項評量標準，避免太瑣碎或抽象詞彙	分析型評分規準須列出各項表現標準的評分範圍	上課時與學生溝通、確認學生了解評分規準

美國國家教育進步評量(NAEP)寫作的整體型評分規準

分數	描述
6	廣泛細微的：回應顯示出對各種寫作元素的高度控制，與得分5的論文相比較，得分6的論文也許有相似的內容，但他們的組織較佳，書寫更清晰，且錯誤較少
5	細微的：發展良好且回應詳細，可能已經超越作業的重要元素
4	發展的：對作業回應包含必要元素，但其發展可能參差不齊或未仔細推敲
3	極些微的發展：學生提供的作業回應是簡要的、模糊的，且有些令人混淆的
2	學生以未發展的反應回應作業，但卻是一種相當省略、混淆且不連貫的方式
1	對主題的回應幾乎無與作業有關的訊息

資料來源：李坤崇（2019，頁256）。

繪畫的分析型評分規準

水準 \ 項目	非常好（100-90分）	令人滿意（80-89分）	需要改進（79-70分）
構圖 (40%)	構圖內容豐富完整	能表現自己的想法	完整性不足
色彩 (40%)	畫面有豐富的感覺	調色技巧可再加強	需多學習色彩運用技巧
技巧 (20%)	使用材料能表達主題	創作技巧仍待加強	技巧需多加學習

資料來源：修改自黃文三等（2016，頁15-22）。

Unit 6-8
實作評量的優點與限制

實作評量能廣泛的應用在各個領域，能測量出學生高層次的認知和技能，例如：要求學生以口頭、寫作或完成作品方式進行評量，主要是因為它具有一般傳統紙筆測驗無法達成的優勢，但相對的它也具有一些需要克服的限制。實作評量應和傳統紙筆評量相互靈活運用，才能發揮最大的教學效果（郭生玉，2016）。以下針對實作評量的優點與限制說明如下：

一、實作評量的優點

實作評量主要是針對舊有的傳統式評量加以改進，例如：要求學生透過實際操作的方式應用所學的知識和技能，並非只是再認或回憶，符合當今建構主義學習與教學的評量方式。加上實作評量的作業具有意義性、挑戰性且與教學活動或實際生活相結合，因此相較於傳統的紙筆評量方式，實作評量具有下列優點：1.實作評量的進行並非必須獨立於教學時間之外，可將教學、學習與評量緊密結合。2.訓練學生將知識、技能和正確的學習態度統整、連結，並展現出來，符合杜威做中學的教育理念。3.評量與真實生活相似，可提升學生學習動機、參與感和投入的程度。4.實作評量具有正面的後果效度，學生可發展問題解決能力和表達自我的能力，使所學能應用在真實生活中。5.參與評量的人員可以多元化，除了教師之外，學生亦可參與。6.實作評量提供更多學生在學習過程中的訊息，教師能隨時發現學生學習問題，進而實施補救教學（王文中等，2011；李坤崇，2019；盧雪梅，1995；曾素秋，2010）。

二、實作評量的限制

由以上的探討，發現實作評量的優點很多、可行性很高，但在教室中的應用仍然不夠普遍，職業教育、自然與生活科技、體育及藝術領域方面的學科應用比較多，但其他學科仍然以客觀、快速的紙筆測驗為主，追究其原因，實作評量存在著以下的限制：1.施行上需要較多的時間；2.評分較困難，費時、費力、較不客觀；3.和紙筆評量相比，需較多的經費與設備；4.增加教師負擔與學生作業量；5.教師缺乏實作評量的專業技術，例如：計分表之設計、施測情境之控制等；6.評量結果的效度與信度不高，實作評量會受到評分者誤差，而影響評量結果的信度與效度，其誤差來源通常有偏見、月暈作用、評量次數過少等三方面。偏見是指教師對學生有先入為主的觀念存在；月暈效應是指教師根據一般印象來針對學生的實際表現進行評分所造成的不良影響（余民寧，2017；張麗麗，2004；曾素秋，2010）。

實作評量的優點

1　實作評量的進行可將教學、學習與評量緊密結合

2　訓練學生將知識、技能和正確的學習態度統整、連結，並展現出來

3　評量與真實生活相似，可提升學生學習動機、參與感和投入的程度

4　學生可發展問題解決能力和表達自我的能力，使所學能應用在真實生活中

5　參與評量的人員可以多元化，除了教師之外，學生亦可參與

6　提供更多學生在學習過程中的訊息，教師能隨時發現學生學習問題，進而實施補救教學

實作評量的限制

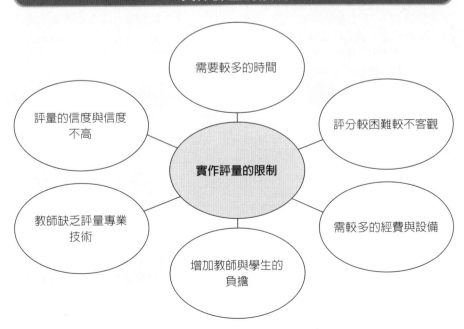

需要較多的時間

評量的信度與信度不高

評分較困難較不客觀

實作評量的限制

教師缺乏評量專業技術

需較多的經費與設備

增加教師與學生的負擔

Unit 6-9
改進實作評量的做法

教師實施實作評量時，為避免爭議，應思索幾個重要課題：1.沒有哪種實作取向是最好的；2.實作評量系統最重要的是發展優質的評分系統；3.去除評量歷程之偏見；4.實施實作評量訓練；5.實作評量應提供回饋與建構支持系統（曾素秋，2010）。陳學淵和王國華（2004）以自然生活科技領域教師進行協同合作實作評量的研究，發現教師發展實作評量時常邊做邊修，常常遇到阻力與困難。其中一項阻力是實作評量之標準制訂不易，實作評量是一種標準本位之評量方式，計分標準決定了實作評量之成功與否。徐怡詩和王國華（2003）指出在設計與實施實作評量之過程中，就屬於標準項目與標準之制訂最為困難，教師若對於學生可能出現的反應不夠了解，會造成設計出來之評分表不易落實。因此教師可以先將「標準」說明清楚，說明什麼樣的成品是可以符合這項作業「優良」的程度，以消除學生在受評歷程所感到的疑惑（曾素秋，2010）。

教師剛開始實施，可試著從比較簡單的作業設計起步，例如：語文領域要同時兼顧聽說讀寫的評量可能很困難，除傳統的閱讀教學外，可以設計聽和說等比較簡單的實作評量，慢慢再發展複雜的實作評量。謝麗雪和蕭雅萍（2002）在國小英語課實施口語實作評量，二人用問答法、朗讀、句子重述進行口語實作，讓英語教育不再是聾啞教育，也能讓學生從評量中反省自己的表現並獲得進步，並朝向英語教學正常化之路邁進。

至於信效度的改進方面，研究指出實作評量如果要具有很高的評分者一致性，只要給予明確的評分規範及適度練習，便可達到不錯的一致性信度，使評分更加客觀與標準化。在實作評量的效度方面，由於實作評量的實施方式及時間限制，通常所評量的學生行為表現較傳統測驗少，即評量內容涵蓋範圍較小，不易獲得學生適當的行為表現。致使若單由傳統觀點，意即內容、效標及建構效度三方面觀之，實作評量可能因時間、題目取樣的限制，面臨其少量題目能否有效評估欲測量的範圍或內容、題目選取之代表性，以及實作評量預測未來表現之程度等爭議。因此，實作評量的內容效度顯得更加重要，透過學者專家意見，經由工作分析、任務分析、課程分析等方式編製完善的評量試題，以確定欲測量的能力結構和範圍，或可降低少數試題的代表性及效標關聯效度蘊含之意義等疑慮（潘裕豐、吳清麟，2018）。

實施實作評量應思索的課題

1.沒有哪種實作取向是最好的
2.實作評量系統最重要的是發展優質的評分系統
3.去除評量歷程之偏見
4.實施實作評量訓練
5.實作評量應提供回饋與建構支持系統

實施實作評量時遇到的困難

發展實作評量時常邊做邊修，其中一項阻力是
實作評量之標準制訂不易

實作評量可能因時間限制，以致評量內容涵蓋
範圍較小，不易獲得學生適當的行為表現

題目取樣的限制，面臨少量題目能否有效評估
欲測量的範圍或內容的質疑

改進實作評量的做法

1　教師剛開始實施，可試著從比較簡單的作業設計起步

2　給予明確的評分規範及適度練習，可達到不錯的一致性信度

3　經由工作分析、任務分析、課程分析等方式編製完善的評量試題，可降低少數
試題代表性的質疑

Unit **6-10**
概念構圖評量

概念構圖（concept mapping）是美國康乃爾（Cornell）大學諾瓦克（Novak）等人於1972年所設計，主要在探討所欲學習的概念之間有意義的關係，以作爲教學、學習及評量之使用（余民寧，2005）。

一、概念構圖的教學

概念構圖是由學習者將所學習的教材中的概念，以一個個概念節點（concept node）及概念與概念之間的關係連結（relation link），用概念圖方式表現出來。教師首先要教導學生如何選擇文章中的主要概念及延伸出的子概念，如何使用概念圖將各相關概念之間相連結起來，當學生學會之後，即可依據學生所畫的概念圖進行評量。概念圖呈現格式可分成蜘蛛網狀式、階層式、流程圖式和系統式概念圖（周新富，2023）。

二、概念構圖的評量

若以學生繪製的概念構圖進行評量，其評分策略可以參考諾瓦克和高文（Novak & Gowin, 1984）設計的「結構評分法」。其方式是將學生的概念圖分成四個項目：關係（relationships）、階層（hierarchy）、交叉連結（cross links）、舉例（exampling），並依此設計給予分數，分數愈高者，即代表學生的概念結構愈系統化、層次化、組織化，也表示其學習成果愈好，對教材內容的理解度愈高。其評量方式說明如下（蕭立人、高巧汶，2008）：

（一）關係

也稱爲命題（propositions），係指將兩個概念之間的連結關係是否有意義而言，且此連結關係是否有效，當此兩者成立時候則給予 1 分。

（二）階層

概念圖以階層式方式出現，且每一個附屬概念比它上一層的階層更特定、更概括化。若存在一個有效的階層關係，給予 5 分。

（三）交叉連結

階層概念的部分與另一部分呈現出有意義的連結，此連結屬於創造力的指標，更能代表出學生有意義的學習，故有效的交叉連結給 10 分，有效但無法將相關概念命題加以組合的則給予 2 分。

（四）舉例

經由學習者透過自己的理解，以特定的事件或物體來說明概念的意義，有效者則給予 1 分。

三、概念構圖評量的例子

茲以右頁上圖爲例，說明概念構圖如何評分。在本例子中，共有4個階層，每個階層以5分計算，共得20分。有效且重要的連結關係共有13個，每個以1分計算，共得13分。其中交叉連結有1項，每項以10分計，共得10分。本例子中的舉例只有1個，每個1分，共得1分。將四項分數相加，總共得到44分，便代表這個例子的評量分數。本例子各分項的得分請見右頁下表。

概念構圖計分的實例

依照Novak與Gowin（1984）示範，修改之概念圖例：

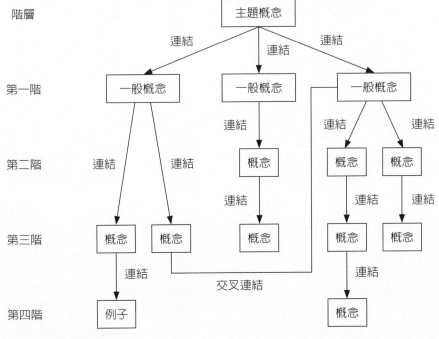

資料來源：楊明儒（2009）。

概念圖計分表

項目	計分	個數	得分
關係	1分	13	13
階層	5分	4	20
交叉連結	10分	1	10
舉例	1分	1	1
總分			44

資料來源：楊明儒（2009）。

第 **7** 章

素養導向評量

●●●●●●●●●●●●●●●●●●●● 章節體系架構 ▼

Unit 7-1
素養導向評量的意義

素養導向教育是一種新的教育典範，課程和教學都會隨之調整，學生經過核心素養課程和教學之後，學習成效和效果都需借助於適切的評量系統，才能有效掌握學生核心素養的表現情形。因此研發和建置學生的核心素養評量系統，一方面可提供教師教學參考，另一方面亦可用來監控學生核心素養的學習，以了解政策目標是否能夠達成（吳清山，2018）。

《十二年國民基本教育課程綱要》（簡稱108課綱）強調素養導向，素養導向的課程、教學與評量三者有其相關性。素養導向評量之「導向」二字，正是期望透過適當的評量設計，引導並落實能夠培養學生核心素養和領域／科目核心素養的課程與教學。素養導向教學強調學生自主學習力的培養，也強調學習成效的達成，因此評量重視形成性評量，也強調總結性評量，兩種評量形式都可以伴隨著教學中的學生學習表現來進行，所以不一定是紙筆評量，而是多元評量。在會考或學測等大型考試中，近幾年均採用素養導向評量的紙筆測驗，檢核學生表現是否達到標準，因此標準本位（standard-based）評量與成效本位（outcome-based）學習互相結合，目的在評量學生的總結性表現（吳璧純，2017）。從形成性評量的觀點視之，素養導向學習評量屬於表現評量，是多元評量的一種形式，在教室的多元評量實施方面，視場合靈活使用紙筆評量及各種替代性評量，例如：實作評量或檔案評量（許家驊，2019）。

而在設計素養導向評量的紙筆測驗時，應針對真實情境與問題，結合核心素養、學科本質與學習重點去編擬題目（任宗浩，2018）。目前中小學在段考時，都有所謂的素養題和基本題之分；素養題往往採用情境式命題，在培養學生跨領域、跨學科的知識整合應用能力，因此素養題的題幹敘述字數比較多，閱讀素養貫穿各學科的考題，導致教師有一種迷思，好像素養題的題目都要編寫得很長，以致產生一種現象：數學科教師發現學生答錯題目，無法確定該生缺乏數學基本計算能力，還是無法理解題目（丁毓珊、葉玉珠，2021）。素養題還有一項爭議，即素養題的題幹過長、字數過多，不利於閱讀困難學生作答，考試已分不清是考知識還是考閱讀理解（徐秀媜，2022）。

由以上的討論，十二年國教的素養導向評量可歸納出以下幾個特點：1.不僅評量學生的知識與技能，而且還評量學生對於學習的態度。2.不單只重視學習結果，也重視學習歷程，同時兼顧總結性與形成性的評量。3.強調對於學生能整合所學並應用於生活情境的評量（謝名娟、謝進昌，2017）。

素養導向教育

素養導向教育		核心素養課程和教學		素養導向評量
• 108課綱 • 新的教育典範				• 監控學生核心素養的學習

素養導向評量的意義

1. 期望透過適當的評量設計，能夠引導並落實培養學生核心素養和領域／科目核心素養的課程與教學

2. 素養導向教學強調學生自主學習力的培養，也強調學習成效的達成

3. 重視形成性評量，也強調總結性評量，兩種評量形式伴隨著教學中的學生學習表現來進行

4. 強調對於學生能整合所學並應用於生活情境的評量

素養導向評量題型的特徵

用情境式命題，在培養學生跨領域、跨學科的知識整合應用能力

爭議：素養題的題幹過長、字數過多，不利於閱讀困難學生作答

素養題的題幹敘述字數比較多，閱讀素養貫穿各學科的考題

Unit 7-2
素養導向評量的源起

經濟合作暨發展組織（Organization for Economic Cooperation and Development, OECD）所籌劃、主導之「國際學生能力評量計畫」（Programme for International Student Assessment, PISA），是一種國際標準評量工具，先是採用紙筆測驗，後改為電腦線上評量方式，從評量過程中建立學生基本知識與技能的檔案，了解學生、學校特點與長期變化的結果，從報告數據分析，了解到各國在各科素養相對的優勢與劣勢，為未來教育提供改善方向（彭開琼、胡榮員，2017）。PISA的素養評量目的與108課綱的培育核心素養的目的相似，二者皆強調運用知識、能力與態度，重視以跨領域學習來解決生活上的問題，都是關注學生的學習與生活的結合。PISA的素養評量強調生活應用，其設計理念與素養導向評量相似，因此發展素養導向評量試題時，可以參酌PISA的評量架構與試題（吳正新，2019；徐秀媜，2022）。以下謹就PISA評量工作的主旨及評量架構作一說明（洪碧霞主編，2021；彭開琼、胡榮員，2017；台灣PISA國家研究中心，2023）：

一、 PISA評量工作的主旨

PISA自2000年起，每3年舉辦一次，評量對象為15歲學生。PISA的基本關懷主要有兩個層面：1.了解學生面對變動快速之社會的能力，即所謂真實生活的素養（real-life literacy）；2.了解處於社經地位弱勢的學生所獲得的教育情形。因此，透過評量，主要希望能夠回答以下的問題：

1. 學生是否具備足以面對未來世界的素養？
2. 學生表現與個人特質的關係為何？學生是否有良好的學習態度和學習方法？
3. 怎麼樣的學校型態、資源與教學情境對學生學習較為有利？
4. 弱勢的學生是否獲得了最大的教育機會？對於不同背景的學生，我們所提供的教育有多公平？

問題一中提到的「面對未來世界的素養」，具體內涵即閱讀素養、數學素養和科學素養，學生在這三個領域的表現即各國的教育成就。PISA所取得的資料來自世界各國，因此可以比較國家間教育成就的差異。各國對學校的取樣若是以國內的地理或行政區域來分層，則可比較區域間的差異。PISA對學校和學生個人所發展的背景問卷則提供了分析學校層次和個人層次變項的資料，從而得以進一步分析造成學校和學生差異的原因。

二、 PISA評量內容

PISA為評量內容包含閱讀、數學及科學三個領域的基本素養，以及問卷調查，每一次的評量，都會著重在其中一個領域。同時自2012年起，每年會加考一個其他領域的素養，例如：合作解決問題能力、全球素養、創意思考等。

素養導向評量的源起

國際學生能力評量計畫

經濟合作暨發展組織（OECD）所籌劃、主導之「國際學生能力評量計畫」

108 課綱核心素養

核心素養的目的與PISA相似，二者皆強調運用知識、能力與態度，重視以跨領域學習來解決生活上的問題

素養導向評量

PISA的素養評量設計理念與素養導向評量相似，發展素養導向評量試題時，可參酌PISA的評量架構與試題

PISA評量工作的主旨

1.學生是否具備足以面對未來世界的素養？

2.學生表現與個人特質的關係為何？學生是否有良好的學習態度和學習方法？

3.怎麼樣的學校型態、資源與教學情境對學生學習較為有利？

4.弱勢的學生是否獲得了最大的教育機會？對於不同背景的學生，我們所提供的教育有多公平？

PISA評量內容

1.加考合作解決問題能力、全球素養、創意思考其中一項領域的素養

2.閱讀、數學及科學三領域的基本素養

3.配合評量領域的問卷調查

Unit 7-3
標準本位評量

標準本位評量（standards-based assessment）是「基於標準的評量」，以事先擬定的「評量標準」來設計學習評量，用以檢視學生的表現，並針對其表現給予質性回饋（熊雲偉，2020）。標準本位評量與標準參照評量非常相似，兩者皆將學生表現與事先制定的標準或規範相參照，進而提供學生會做什麼與不會什麼的學習成果訊息。標準本位評量可以是學習階段結束後實施的總結性評量，例如：國中教育會考，以評估學生3年來的整體學習概況；也可以是教師於課堂傳授課程內容後的形成性評量，例如：隨堂小考，以評估學生對特定知識的吸收程度（宋曜廷、周業太、曾芬蘭，2014）。

我國於2011年開始發展「學生學習成就評量標準」（簡稱評量標準），評量標準由內容標準（content standards）與表現標準（performance standards）所構成，內容標準意指希望學生具備的知識與展現的技能，表現標準則是說明在內容標準所條列的學習內容中，學生能展現相關的知識與技能達到何種程度。評量標準的研發工作首先要制定內容標準，將課綱各學習領域的學習表現，加以歸納整併，分為不同「主題」，並根據學科屬性與教學內容，在各主題下再分成若干「次主題」。在表現標準部分，由於不同學生在教學活動後可能會呈現出不同的表現程度，因此須設立適當數量的表現等級，如採用分五個表現等級，則分別是 A（優秀）、B（良好）、C（基礎）、D（不足）與 E（落後），其中 A、B、C 屬「通過」的等級；D、E 則屬「尚未通過」的等

級。此外，需針對各個等級撰寫表現等級描述，讓教師可以進一步了解不同等級學生的典型表現或最低門檻水準（曾芬蘭等，2018）。

在標準本位評量中，對該生表現等級的界定不需要與他人比較，學生的表現能夠稱為「好」，是因為他的表現能達成評量標準所設定的門檻，由表現等級的質性表現描述，教師能指出該生目前具備的知識與技能（宋曜廷等，2014）。茲以國小國語文學科培養的口語表達能力為例，說明評量標準之等級設定如何幫助學習。教師首先要制定如右頁表格聆聽與口語表達的評分規準，當在聆聽學生口語表達的當下，便可從「內容重點」、「邏輯」和「關鍵細節」等面向來檢視學生的發言是否具有層次，可以清楚掌握其口語表達能力的程度。課後也可針對學生在口語表達中各個面向的表現，給予相對細緻且富有層次感的回饋，幫助學生改善其不足（熊雲偉，2020）。

標準本位評量意義

以事先擬定的「評量標準」來設計學習評量,用以檢視學生的表現,並針對其表現給予質性回饋

標準本位評量與標準參照評量非常相似,兩者皆將學生表現與事先制定的標準或規範相參照

標準本位評量可以是總結性評量,也可以是形成性評量

學生學習成就評量標準的內涵

學生學習成就評量標準

內容標準 —— 意指希望學生具備的知識與展現的技能

表現標準 —— 說明在內容標準中,學生能展現的知識與技能達到何種程度

1.設立適當數量的表現等級
2.撰寫表現等級描述

聆聽與口語表達評分規準

主題	次主題	A等級	B等級	C等級	D等級	E等級
聆聽與口語表達	口語表達	能把握說話內容的重點、邏輯與關鍵細節	能把握說話內容的重點與邏輯	大致能把握說話內容的重點	僅能把握說話內容的部分重點	未達D等級

資料來源:熊雲偉(2020,頁51)。

Unit 7-4
素養導向評量的基本要素

在單元1-2中，提到評量分成「對學習的評量」、「促進學習的評量」、「評量即學習」三種取向（Earl, 2003）。傳統的評量觀念主要是「對學習的評量」，即對學生的學習成果進行評量，而當代對學習評量的觀念逐漸朝向「促進學習的評量」和「評量即學習」發展，教師應該思考如何在教室的評量中落實「促進學習的評量」和「評量即學習」之理念。素養導向評量即是在落實「促進學習的評量」的理念，素養導向評量不只是檢視學生能否掌握學科基礎知識，且引導學生在面對真實情境時，該如何展現或運用核心素養進行思考，來處理和解決真實問題。因此在設計素養導向評量時，若是能透過「評量標準」來搭建，則評量將具有引導學生思考的功能（熊雲偉，2020）。

素養導向評量的目的是為了引導素養導向的教學，在形成性評量時，素養題所占的比例多少不是最重要的，重要的是評量試題的品質。透過適當設計的素養導向試題，除了可讓現場老師掌握核心素養精神、改變教學，也更能讓落實素養導向教學的效果反映在學生的評量成果上（任宗浩，2018）。素養導向學習評量除了評分規準表的編製外，也包含如何編製有效的素養導向試題與進行相關的題庫建置。在進行素養導向評量的命題時，要確實掌握以下兩項基本要素（任宗浩，2018）：

一、布題強調真實的情境與真實的問題

以往的紙筆測驗多著墨於知識和理解層次的評量，素養導向則較強調應用知識與技能解決真實情境脈絡中的問題。除了真實脈絡之外，素養導向試題應盡可能接近真實世界，例如：日常生活情境或是學術探究情境中會發生的問題。

二、評量應強調課綱核心素養、學科本質及學習重點

教師在進行素養導向評量的命題時，應強調課綱所列的核心素養、學科本質及學習重點，但要注意以下兩項原則：1.跨領域／學科的命題，應參照總綱核心素養所定義的三面九項內涵之中的符號運用、多元表徵、資訊媒體識讀與運用，以及系統性思考等共同核心能力，而不是採用跨學科的題材來命題。2.各領域／科目的素養導向評量的命題，應強調「學習表現」和「學習內容」的結合，並強調應用於理解或解決真實情境脈絡中的問題和能力。然而有些基本知識或技能被視為是素養培育的重要基礎，因此學科評量不一定完全採素養導向的情境題，但須盡可能減少需透過機械式記憶與計算練習之題目。

素養導向評量的理念

落實「促進學習的評量」	• 不只是檢視學生能否掌握學科基礎知識 • 且引導學生在面對真實情境時，該如何展現或運用核心素養進行思考
引導素養導向的教學	• 讓現場老師掌握核心素養精神、改變教學 • 讓落實素養導向教學的效果反映在學生的評量成果上

素養導向評量的基本要素

布題強調真實的情境與真實的問題

素養導向較強調應用知識與技能來解決真實情境脈絡中的問題

素養導向試題應盡可能接近日常生活情境或是學術探究情境中會發生的問題

評量應強調課綱核心素養、學科本質及學習重點

跨領域的命題，應參照總綱核心素養內涵中的符號運用、多元表徵、資訊媒體識讀與運用，以及系統性思考等共同核心能力

命題應強調「學習表現」和「學習內容」的結合，並強調應用於理解或解決真實情境脈絡中的問題和能力

Unit 7-5
傳統評量與素養導向評量試題的差異

過去傳統試題主要是評量學生的基本知識，而素養導向的試題則是結合生活情境來命題。以下我們用一道十年級的數學試題說明傳統試題與素養導向試題的差異，並從試題內容的差異探討素養導向試題的命題方式（吳正新，2019，2020）：

一、傳統評量試題

範例一：請寫出「斜率為 50，y 軸截距為 200」的方程式，並繪製圖形。這是評量直線方程式的傳統試題，特色是評量內容偏重學科知識，因此在試題的內容中，通常會使用數學符號、專有名詞，例如：斜率、截距、方程式。此外，這些試題的內容多數是簡潔、條件充足的數學問題，不需要額外的情境鋪陳。

二、素養導向評量試題

如要將範例一的傳統評量試題修改成素養題，其步驟如下：

（一）加入真實情境

首先尋找一個合適的情境，用生活用語取代「斜率」、「截距」、「方程式」等數學用語，並且讓問題轉換成情境中的真實問題。範例二利用國際書展打工的情境來包裝、陳述問題。打工是學生寒暑假可能會接觸的情境，如何計算打工的薪水，是打工時最重要的議題。選取好合適的情境後，原本傳統試題的專有名詞便可調整成日常生活中的辭語。

範例二：國際書展的書商正在應徵暑期工讀生，工讀生的薪水是「每小時時薪 200 元，每多銷售一套雜誌多加獎金 50 元。」請寫出工讀生的薪水和販售雜誌份數的關係，並繪製圖形。

（二）加入跨領域的核心素養

接著可將範例二進一步修改，就是加入跨領域的核心素養，如此可增加學生發揮比較、判斷或決策的機會。修改的方式如範例三。

範例三：為期六天的國際書展即將在台北舉辦。小明正在尋找書展的打工機會。以下是二個書商提供的打工機會：

雜誌商 A：工作六天，每天 8 小時，每小時時薪 200 元，每多販售一套雜誌多加獎金 50 元。

雜誌商 B：工作六天，每天 8 小時，每小時時薪 250 元，每多販售一套雜誌多加獎金 25 元。

1.請幫小明分析一下，在販售不同雜誌數量時，這二個打工機會的薪水差異為何？

2.如果小明的專長是行銷，每天可以推銷 5-10 套雜誌，他應該選擇哪一個工作機會？

範例三增加另一個打工的機會，讓試題情境轉變成比較二個不同打工機會可獲得的薪水差異，它需要學生進行比較，找出差異原因。為了計算二份工作的薪水差異，學生很自然的就需要繪製圖形。透過這樣的修改方式便可將跨領域的核心素養、學科的學習表現融入試題之中。

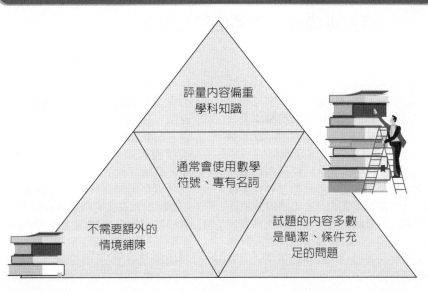

傳統數學評量試題的特色

評量內容偏重
學科知識

通常會使用數學
符號、專有名詞

不需要額外的
情境鋪陳

試題的內容多數
是簡潔、條件充
足的問題

素養導向評量試題的特色

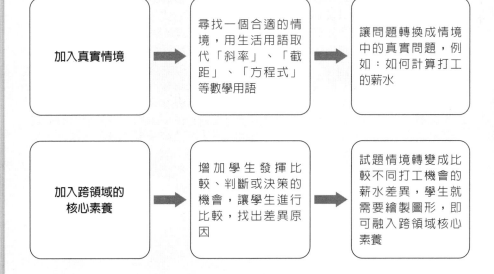

加入真實情境　→　尋找一個合適的情境，用生活用語取代「斜率」、「截距」、「方程式」等數學用語　→　讓問題轉換成情境中的真實問題，例如：如何計算打工的薪水

加入跨領域的核心素養　→　增加學生發揮比較、判斷或決策的機會，讓學生進行比較，找出差異原因　→　試題情境轉變成比較不同打工機會的薪水差異，學生就需要繪製圖形，即可融入跨領域核心素養

Unit 7-6
素養導向評量命題的注意事項

　　設計優質的評量並非易事，在設計時常見以下四種迷思：題材選擇的迷思、試題設計上的迷思、題目難度的迷思、錯誤邏輯關係與偏差評量範疇的迷思。因此在命題時需要掌握以下三原則：1.紙筆測驗應包含素養導向試題，也應保留基本試題，但應儘量避免機械式記憶與練習之題目。2.素養導向試題強調運用跨領域核心素養來解決眞實情境中的問題。3.素養導向試題的設計應儘量符合眞實而合理的問題情境（國家教育研究院，2019）。

　　爲改善素養題常見的問題，教師在命題應注意以下事項（王淵智，2021；白雲霞，2020；國家教育研究院，2019；蔡佳禎，2022）：

1. 素養導向評量強調透過選擇合理且適當的問題情境，讓學生了解所學與其日常生活或職涯發展的關係，以正向引導學生的學習動機。但應以合理的眞實情境及眞實問題爲依歸，且只提供必要的描述，方不至於混淆評量的結果。

2. 有些基本知識或能力被視爲是素養培育的重要基礎，因此領域／科目評量不一定完全採素養導向的情境題，尤其是學校內的形成性評量，應列入一定比例的基本知識、概念的評量題目。

3. 數位時代的學習，面對各種未過濾的資訊，必須能夠從中判斷重要的資訊、篩選正確的訊息以解決問題，因此相較於傳統試題，素養導向試題的題目通常會比較長。然而，經適當設計，素養導向的題目也可以利用簡短或少量的訊息，不是題幹很冗長才能稱爲素養題。

4. 核心素養的培養應透過多元化的教學與學習情境，例如：實作、合作問題解決、專題研究等，並輔以多元化的評量方式，例如：實作評量、檔案評量、動態評量等，經過長期的培養，並非僅靠紙筆測驗的素養題即能達成。

5. 態度是核心素養的重要面向之一，課室中的定期與不定期評量建議應採多元方式進行態度的評量，例如：行爲觀察、晤談、檢核表或自評表等方式，惟在高關鍵的紙筆測驗較不容易納入此一部分。

6. 教師常設計各式各樣的表現任務以呈現核心素養教學的具體成效，例如：分組報告、設計作品及製作活動企畫書等，但相對適切的「評量規準」卻不多見。評量規準若品質不佳，甚至未事先設計，則老師只憑「心中的一把尺」便給予分數或等第，學生所能獲得的評量回饋便非常薄弱。

設計素養導向評量的原則

1　紙筆測驗應包含素養導向試題，也應保留基本試題，但應儘量避免機械式記憶與練習之題目

2　素養導向試題強調運用跨領域核心素養來解決真實情境中的問題

3　素養導向試題的設計應儘量符合真實而合理的問題情境

設計素養導向評量的注意事項

1. 選擇合理且適當的問題情境，讓學生了解所學與其日常生活或職涯發展的關係，以正向引導學生的學習動機

2. 學校內的形成性評量，不一定完全採素養導向的情境題，應列入一定比例的基本知識、概念的評量題目

3. 經適當設計，素養導向的題目也可以利用簡短或少量的訊息，不是題幹很冗長才能稱為素養題

4. 核心素養的培養應透過多元化的教學與學習情境，並非僅靠紙筆測驗的素養題即能達成

5. 態度是核心素養的重要面向之一，課室中的定期與不定期評量建議應採多元方式進行態度的評量

6. 設計各種表現任務以呈現核心素養教學的具體成效之外，也要設計適切的「評量規準」

第 **8** 章

檔案評量

章節體系架構 ▼

Unit 8-1
學習檔案的起源與意涵

　　檔案（portfolio）是指政府機關在依法執行公務過程中所產生的各項紀錄，政府機關對於這些文件資料的管理、開放與使用都制定了一套辦法，在我國稱為《檔案法》，故檔案一詞在《檔案法》中界定為泛指經過分類、登錄、編號而予以典藏的文件（張添洲，2004）。檔案在英文字典裡的意義是卷宗或資料夾，此概念被廣泛的應用於攝影、繪畫、音樂、寫作、建築、工程設計等領域，是一種表現藝術家個人設計風格及領域的作品集（artist's portfolio）。例如：記者、攝影師、畫家、設計師等，將歷年最得意的作品，用檔案儲存起來，透過檔案所蒐集到的內容來了解自己的成長歷程及展現長期的努力成果，更可藉由這些真實的資料來評鑑己在該領域的表現（王文中等，2004）。檔案是有目的、有選擇性的進行蒐集而並非是漫無目的收錄各種文件，建置檔案主要著眼於了解該事件發展的過程，並期待藉由檔案中的文件或證據，找出情境意義與發展的脈絡。檔案的建置結合了過程與結果，也就是反思、選擇、評估的過程及其產物（周新富，2009）。

　　學習檔案（learning portfolio）或稱為學習歷程檔案，最初是被應用在藝術及寫作方面，用於存放個人的創作成品，並以檔案卷宗儲存的方式來協助了解個人創作的成長歷程。而直到1980年代末期，學習檔案才開始正式應用於教育的領域上，並成為教育上新興的發展趨勢，不論其應用的學科領域為何，學習歷程檔案在教育上主要應用的功能與重點，是將其作為評量的工具（游光昭、洪國勳，2003）。學習歷程檔案的使用，對於學習過程的了解及學習品質的促進都有它正面的功效，同時亦可達到傳統評量方式所不能達到的目的。目前檔案評量的發展，已由傳統紙本式的學習歷程檔案進步到數位化檔案評量（e-portfolio assessment）（張基成、吳炳宏，2012）。但不同形式的檔案在使用上各有利弊，視實施對象而定。檔案評量強調學習與評量的結合，在學生的學習過程中，能真實呈現學生在知識、技能或情意等領域所學到的成果，透過反思的機制，並能培養學生自我省思的能力。檔案評量的發展正好與當代的教育改革相結合，因此受到學者、教師極大的重視，許多教師將此模式融入教學實務之中，除對學生能力的發展有極為完善的紀錄，同時也獲得家長廣大的迴響。

學習檔案的起源與意涵

檔案的原義	指政府機關在依法執行公務過程中所產生的各項紀錄
	泛指經過分類、登錄、編號而予以典藏的文件

廣義的檔案	檔案在英文字典裡的意義是卷宗或資料夾
	廣泛應用於攝影、繪畫、音樂、寫作、建築、工程設計等領域，是表現藝術家個人設計風格及領域的作品集

檔案的意涵	有目的、有選擇性的進行蒐集各種文件，以了解該事件發展的過程
	檔案的建置結合過程與結果，即反思、選擇、評估的過程及其產物

學習檔案的發展

學習檔案	● 最初是被應用在藝術及寫作方面，用於存放個人創作成品 ● 以協助個人了解創作的成長歷程

檔案評量	● 1980年代末期，學習檔案開始應用於教育的領域上，且應用於各學科 ● 在教育上主要應用的功能與重點，是作為評量的工具

數位化檔案評量	● 由傳統紙本式的學習歷程檔案進步到數位化檔案評量 ● 在學生的學習過程中，能真實呈現學生在知識、技能或情意等領域所學到的成果，並能培養學生自我省思的能力

Unit 8-2
學習檔案的類型

將檔案應用在教育領域即稱為教育專業檔案，可分為教師檔案和學生檔案，以下說明之。

一、教師檔案

陳惠萍（1999）依照不同的目的將教師檔案區分為學習檔案、評鑑檔案及就業檔案。學習檔案是個人作品的集合，其主要目標是協助個人的學習，例如：著作、教學活動設計等；評鑑檔案原則是依據特殊標準而蒐集的作品，其主要目標是為了認證、執照或專業發展，例如：獎狀、證書、聘書、獎勵等；而就業檔案則是教師為了未來工作而累積的資料，目的在於建立教師在某一專業職位上的適合度，其內容大致包括履歷、研習證書、得獎證明等。教師平常應養成整理、記錄的習慣，以建立完整與充分的個人檔案（薛瑞君，2001）。

二、學生檔案

有關學生的教育專業檔案可分為最佳作品檔案（best work portfolio）和成長檔案（growth portfolio）兩類（Rolheiser, Bower, & Stevahn, 2000）。前者又稱為展示檔案，對學生而言，這種檔案通常與學生最感自豪或最有成就感的作品相結合，再將其作品與其他同學分享，這類檔案最大的好處是讓學生能選出最高學習成就的作品，並能說明為何所選的作品能代表他們最佳的努力和成就，這類檔案的目的不外是評量學生成就、申請入學許可或呈現自己的能力。成長檔案展示個人的發展和成長情形，通常將焦點聚集在學業、思考技能、內容知識或教師認為重要的主題上，這種檔案的目的主要在讓學習者看到自己的改變，以及與他人相互分享成長歷程。成長檔案即學習檔案，能密切結合教學、評量和學習的一種方式。以教學的觀點而言，學習檔案這樣的作品集，不僅由學生參與檔案內容的選擇，對選入作品的優劣判斷標準亦有詳細說明，更重要的是納入學生在整個學習過程中的自我反省（鄒慧英，1997）。如能賦予學習檔案培養自主的內省學習者之目的，那麼它就具有獨特性及不可取代性，學生才能在生命過程中能不斷檢視、修正、實踐與成長（蔡清華、張麗麗，1997）。

教育部（2022）為落實《十二年國民基本教育課程綱要總綱》有關高級中等學校應完備學生學習歷程檔案之規定，以蒐集、處理及利用學生學習歷程檔案資料，特訂定《高級中等學校學生學習歷程檔案作業要點》，規範學生學習歷程檔案資料內容包括下列項目：1.基本資料；2.修課紀錄；3.課程學習成果，如作業、作品等，學生至多勾選六件送中央資料庫；4.多元表現，如彈性學習時間、團體活動時間之表現。當學生申請就讀大專校院時，以學習歷程檔案作為招生選才之參考資料，取代以往學測的備審資料。

教師檔案的類型

```
教師檔案
```

學習檔案	評鑑檔案	就業檔案
個人作品的集合，例如：著作、教學活動設計等	依據特殊標準而蒐集的作品，例如：獎狀、證書、聘書、獎勵等	教師為了未來工作而累積的資料，內容大致包括履歷、研習證書、得獎證明等

學生檔案的內涵

最佳作品檔案
- 與學生最感自豪或最有成就感的作品相結合，再將其作品與其他同學分享
- 這類檔案最大的好處是讓學生能選出最高學習成就的作品

成長檔案
- 這種檔案的目的主要在讓學習者看到自己的改變，以及與他人相互分享成長歷程
- 成長檔案即學習檔案，能密切結合教學、評量和學習的一種方式

學生學習歷程檔案的內容

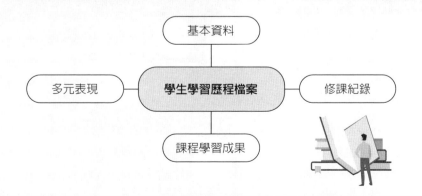

```
基本資料

多元表現 ── 學生學習歷程檔案 ── 修課紀錄

課程學習成果
```

Unit 8-3
檔案評量的意義

學習檔案是一種將學生的學習歷程、紙筆測驗成績、心得、學習單、表演、作品以及個人自我反省等證據,加以蒐集、分類、整理之後所呈現的檔案,教師如果依據這項檔案加以評分,即屬檔案評量。

檔案評量(portfolio assessment)或譯為卷宗評量、歷程檔案評量等,它是實作評量的一種形式。其歷程主要包含蒐集、挑選與反思三個階段(涂金堂,2023)。所謂檔案評量係指教師指導學生有系統的蒐集其作品,並置於資料夾內,然後教師根據資料夾內的作品予以評量,以了解學生之學習過程及結果。因此整個檔案從內容的放入、選擇的標準、評分的制定,都應有學生參與,而且還須包括了學生自我反省的證據,而學生依據教學目標與計畫,持續蒐集並做工作成果的彙編,以展現其學習成果(Barton & Collins, 1997)。

有些學者將學習檔案與檔案評量畫上等號,因為學習檔案如果不與教學評量相結合,教師不打分數,學生可能不會認真製作學習檔案。檔案評量兼具形成性評量與總結性評量的特性,形成性評量是在檔案製作的過程中,定期地給予學生回饋與意見,形成性評量對學生的指導性更強、更有意義,也更能有效地支援學生的學習。總結性評量一般在檔案蒐集的後期給予一次性評分,評估學生這學期的表現。

傳統的教學評量最讓人詬病之處,便是其評量內容與情境過於形式化,以至於評量的內容與結果和學生的現實生活嚴重脫節,此種情形,國內外的教育皆然。當前美國在教學評量上

的問題有:教師們過度依賴常模參照測驗,導致學生為了測驗分數而窄化了學習的內容。由於測驗大都以選擇、是非等題型為主,因此對平常較高階的思考技巧教學產生限制,甚至有「評量引導教學」的情況(歐滄和,1999)。檔案評量與傳統評量存在許多差異,其差異情形可參見右頁表格。其中最大的差異在後者有正確或最佳的答案,計分是以「客觀」的對或錯二元方式計分,而前者則由於學生的表現呈現出不同程度的複雜性或精熟度,因此答案必須仰賴評分者「主觀」的判斷。此時,建立清楚與明確的表現規準來評量學生表現,就成為一件相當重要的工作(張麗麗,2002)。檔案評量的最大特點之一便是「重視學習過程和學生參與的評量方式」,而這也是目前傳統評量所欠缺的(江雪齡,1998)。

檔案評量和傳統評量的差異比較

項目	檔案評量	傳統評量
評量的範圍	以教師上課內容為主，沒有固定的教材範圍	侷限於教材範圍之內，看不出特優及落後學生能力的全貌
評量主要的目的	培養學生自我評鑑、自我改進的能力，養成學生學習責任感	考核學生的學習成果及教師的教學效能
學生反應的形式	以應用綜合層次的、建構式的反應為主。可以參考資料或共同完成活動來設計	以知識理解層次的、選出式的反應為主。不可參考資料、且要獨立受測
適用時機	小班、強調個別化教學	大班級、有統一教材進度的教學
個別差異的考慮	活動設計中，已經考慮到學生間的個別差異	全部學生使用相同的測驗內容
學生角色	學習者、求助者、自我評量者	被評量者、被獎懲者
教師角色	活動設計者、顧問、引導激勵者	考核者、獎懲者、補救教學者
師生關係的比喻	像舊式的師徒制	像工廠的製造者與其產品
評量結果的說明	學生的努力、進步與成就	只有學生的成就
評量的標準	由師生在進行評量前，共同設計	教師在評量前已有固定的標準答案
評量的特色	將「教學」與「評量」充分的聯結在一起	將「學習」、「測驗」與「教學」分開
評量的重點	1.重視學生的進步、努力和成就 2.重視學生間的個別差異，並以衡量學生個別成就為主	1.只重視學生學業的表現 2.所有的學生以同樣的尺度來評量
評量所需的時間	一星期、一個月或是一學期	一、二節課的時間

資料來源：江雪齡（1998）、歐滄和（1999）。

Unit 8-4
檔案評量的目的

　　檔案評量的支持者反對採用傳統紙筆測驗的方式來評量學生的能力，強調問題解決的重要性。檔案評量依據多元智慧理論、多學科整合取向，蒐集學生學習的材料，再設計評量的標準來評定學生的學習結果，這種評量方式能反映學生的各種能力，並與真實生活的狀況相結合。檔案評量的興起是為改善傳統評量之缺失，讓評量能走向多元化，並且能與教學緊密結合。綜合學者的看法，檔案評量的主要目的可以歸納為以下幾點（吳毓瑩，1995；曾素秋，2022；張基成、陳政川，2010；廖鳳瑞，1995）：

一、養成學生做自我評量的習慣

　　傳統教學中，學生的作業或作品在交給老師評閱得分後，就失去了其價值，但運用學習檔案之後，學生參考教師的評語，做改進修正的功夫，放進檔案內，並給予其他同學做參考，提供了學生參與自我評量的機會。

二、記錄學生的發展狀況

　　當學生的學習過程繼續進行中，教師指導學生將成品存入檔案內，教師及家長可以成品來觀察學生的成長，例如：運用在幼兒園學生的繪畫活動，可以觀察學童在不同月份所畫的線條、所使用的顏色、繪畫內容。從這些資訊可以了解學生的生理、認知和社會性的發展。

三、使學生家長了解學生的學習情況

　　傳統的家長懇談會，家長通常與導師面談，以了解學生的學習表現和學業情況。運用學習檔案，家長可以了解學生的成長及進步、退步情形，也可以參閱其他學生的檔案以了解其子女可以參考改進的方向。藉這種資料可以讓家長有機會從不同角度，以有效且有組織的方式看到子女的學習成就。

四、增加教師與學生溝通與合作的機會

　　傳統的教學法中，學生的成績操之在教師手中，教師也很少讓學生了解評量的原則或標準。運用教學檔案之後，教師給予學生建議，容許學生改正，或與學生討論其成品的優缺點，指引學生建立目標，並作自我評估反省。此種師生間的互動，增加了師生間的了解，讓教師更能深入學生的學習情況。

五、訓練學生反思的能力

　　檔案評量可以增進學生自我反思，並促進後設認知的發展。檔案評量容許學生對自己的作品做篩選的工作，反思自己的學習成果及過程，並且為下一步的學習訂定目標，能培養學生自省、獨立、負責的能力，並進而發展後設認知能力與學習動機。

支持檔案評量的理由

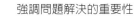

強調問題解決的重要性

依據多元智慧理論、多學科整合取向，
讓評量能走向多元化

檔案評量能與教學緊密結合

檔案評量的目的

① 養成學生做自我評量的習慣

② 記錄學生的發展狀況

③ 使學生家長了解學生的學習情況

④ 增加教師與學生溝通與合作的機會

⑤ 訓練學生反思的能力

Unit 8-5
檔案評量的特性

在運用檔案評量之前，有必要洞悉其背後的精神和特色，如此方能在教學中運用自如。戴君佩（2001）歸納檔案評量具有發展性、價值性、選擇性、真實性、反省性、個別性、互動性等特性，其他學者的看法也大同小異。以下歸納檔案評量的特色如下（黃耿鐘，2002；余民寧，2017；戴君佩，2001；李坤崇，2010）：

一、自我省思

檔案評量的實施，可以幫助學習者反省與檢視自己學習的進步情形，學生被賦予進行自我評量與自我省思的責任，如此可以激發學習的動力，也可以促使學習者更加努力。

二、真實呈現

檔案評量不是追求更多資料，而是強調資料品質；不是隨機選取作品，而是有目的、有系統的蒐集學習作品；不是為學習檔案而累積更多的資料，而是經由學習檔案的省思來自我成長；不是一定要呈現完美的作品，可呈現不完美的作品來省思改善。

三、強調開放與創新

檔案評量被用來刺激學習者，使其能創造出有想像力與創造力的作品，因此學習者是被鼓勵去分析他們的進步及所面臨各種的挑戰。

四、重視個別差異

學習檔案評量結合教學和評量，重視學生的學習歷程，是一種相當能適應學習者個別差異的評量方式。

五、允許多人參與評量過程

檔案評量提供一個真實的視窗來檢視學生長期的學習與表現，但是教師並不是唯一的評量者，為提供學習者自我評量的機會，激發同儕合作學習，也可納入學習者本人、家長、同儕來參與評量。尤其納入學習者自我評量，可鼓勵學習者對自己完成的學習檔案以自我觀點來檢討及評量，也能夠表達製作學習檔案的構想與歷程，及檢討學習檔案的優缺點等，讓學習者充分省思製作學習檔案前後的學習表現成果。

六、完整的評量歷程

在評量方面，檔案評量歷程必須包括自主權、省思、回饋評論、合作分享、有利的教室氣氛、資料的蒐集等歷程。

七、確認學生的優點

檔案評量強調學生學習成果的優點，而非其缺點，在實施過程中，學生會被鼓勵繳交最好的代表性作品，故會強調學生已完成的學習成就部分，而非其尚未完成的缺失部分。

八、耗費較多心力和時間

檔案評量從規劃、執行、調整到回饋，通常要花費相當大的心力和時間在定期評閱檔案及與學生面談討論檔案內容，故實施學習檔案會是一件比較耗時費力的事。

檔案評量的特性

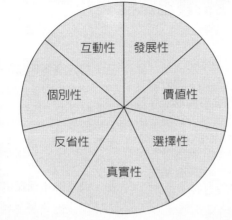

互動性　發展性
個別性　價值性
反省性　選擇性
真實性

檔案評量的特色

自我省思	• 可以幫助學習者反省與檢視自己學習的進步情形
真實呈現	• 不是要呈現完美的作品，可呈現不完美的作品來省思改善
強調開放與創新	• 刺激學習者能創造出有想像力與創造力的作品
重視個別差異	• 結合教學和評量，重視學生的學習歷程
允許多人參與評量過程	• 也可納入學習者本人、家長、同儕來參與評量
完整的評量歷程	• 包括自主權、省思、回饋評論、合作分享、有利的教室氣氛、資料的蒐集等歷程
確認學生的優點	• 強調學生學習成果的優點，例如：鼓勵繳交最好的代表性作品
耗費較多心力和時間	• 花費相當大的心力和時間在評閱檔案及面談討論檔案內容

Unit 8-6
檔案評量的實施流程

教師要實施檔案評量，應清楚掌握其實施流程，才能順利推動。在實施之前，教師首先需要規劃完整的檔案評量計畫，在實施之前應向學生介紹檔案評量的目的、內涵與製作注意事項。以下說明檔案評量的實施步驟（林素卿、葉順宜，2014；張麗麗，2002；張基成、吳炳宏，2012；周新富，2009）：

一、確定檔案評量的目的

檔案內容會因評量和使用目的不同，而有不同的蒐集重點和組織架構，檔案基本上可分為工作檔案、展示檔案與評鑑檔案。工作檔案乃依據教學目標蒐集學生某段期間內一切的作品，定期從中挑選具有代表性的樣本整理成紀錄檔案。展示檔案是請學生從其蒐集的作品中挑選出自己最好、最滿意或最喜愛的作品，並附上作品說明和自我省思組織而成的。評鑑檔案主要是檢視學生的學習成果，學生較少有參與的空間，檔案主要依據教師規定的內容蒐集。

二、決定檔案的項目與內容

根據檔案評量之目的，教師可與學生討論檔案之內容與範圍。如前所述，檔案的內容可包含：1.背景資料，如個人的各項學習記錄；2.過程記錄，各種有關聯的學習活動歷程資料，如影片、照片、錄音檔等；3.反省證據，有關學習活動之反省心得、手札、筆記、日記、週記等；4.評鑑資料，與各種學習活動有關的書面成果資料，如紙筆作業、學習單、研究報告、實際作品、同儕評語與評分記錄、教師評語等。

三、訂定清楚明確的評分規準及評分

清楚而明確的評分規準才能提升學生的接受度，教師也能透過評分規準評量學習成果，給予學生適當的回饋。檔案評量評分規準之訂定與實作評量的評分規準的設計相同。

四、進行師生檔案檢視、省思與對話

學生的省思是檔案評量中的核心步驟，藉由自我省思可以培養批判思考的能力，但由於學生少有自我省思的機會，所以教師可提供結構性的問題來引導學生省思，例如：作品的優缺點為何、需要加強的地方為何等問題。在師生對談方面，在學生和教師各自省思後，師生可進行個別深入的對談，藉由師生雙向的溝通，教師能掌握學生的執行情況和態度。

五、發表與展示學生的檔案

此階段透過同儕互評或家長評分等方式，讓學生展示自己的學習檔案，這樣可以讓學生更懂得去欣賞他人的作品，也能培養學生批判思考的能力，學習提出良性建議。家長也應該成為檔案評量過程的合作者，從制定標準到選擇收入的內容等步驟，都應該邀請家長參與。

檔案評量的實施流程

確定檔案評量的目的
- 確定是工作檔案、展示檔案與評鑑檔案何種類型

決定檔案的項目與內容
- 教師可與學生討論檔案之內容與範圍

訂定清楚明確的評分規準及評分
- 透過評分規準評量學生的學習成果

進行師生檔案檢視、省思與對話
- 教師可提供結構性的問題來引導學生省思，師生亦可進行個別對談

發表與展示學生的檔案
- 透過同儕互評或家長評分等方式，讓學生展示自己的學習檔案

決定檔案的項目與內容

1.背景資料，如個人的各項學習記錄

2.過程記錄，各種學習歷程資料，如影片、照片、錄音檔等

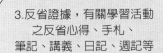

3.反省證據，有關學習活動之反省心得、手札、筆記、講義、日記、週記等

4.評鑑資料，與各種學習活動有關的書面成果資料，如紙筆作業、學習單、研究報告、實際作品等

Unit 8-7
實施檔案評量的注意事項

並非所有的學習檔案都需要進行評量，像展示型的檔案主要是由學生選擇出最好的和最喜歡的作品集，自我反思與自我選擇就比評量來得重要。與教學相結合的檔案幾乎都要進行評量工作，為求更適切地運用檔案評量，在實施時要注意以下事項（宋曜廷、劉俊廷，2007；李坤崇，2006；張美玉，2000；Wiggins, 1998）：

一、與教學相結合

實施檔案評量應與教學緊密結合，若檔案離開教學，僅是學生個人興趣的蒐集，對教學的意義甚低。如果評量的內容是學生的實驗技能，那麼蒐集的材料就應主要是實驗設計、實驗報告、實驗過程中的觀察記錄等。

二、與其他評量並行

檔案評量不應作為評量學習結果的唯一評量工具，尚須輔以其他評量方式或工具，如傳統紙筆測驗、口試或公開展示方式，其中口試能減少學生假手他人或抄襲他人的機會。

三、視情況實施自評及互評

如果每次作業都要實施學生自評、同儕互評、教師評分、家長評分，顯然會增加不必要的負擔，教師要考慮教學情況，靈活且有彈性地進行自評及互評等活動。

四、實施多次、多階段的協助或省思

學生在一段長期的資料蒐集過程，若能分成幾個階段，檢視學生的進度與狀況，以階段性方式呈現作品展示、交換同儕心得、引導學生進行省思，並施以立即的協助或評量，當可更精確掌握學生學習歷程。

五、顧及學生可使用資源與家庭背景的差異

若學生家中電腦網路普及，學生亦具有足夠的資訊能力，則可引導學生建立網路化的學習檔案。因檔案製作與學生父母的教育程度、對子女教育關心與投入程度息息相關，故教師實施評量時應顧及家庭背景的差異。

六、採漸進引導的模式

在剛開始使用時，由於教師和學生都還缺乏經驗，評量的信度和效度都可能存在較大的問題，所以學習檔案的評分最好只是作為課程評量的一小部分，在學生總分中所占比例不宜太大，例如：20%-30%。待積累一定的經驗之後，再逐步提升比例。

七、教師要做好防偽的措施

因為教師缺乏防偽的機制，導致學生會有剽竊、抄襲他人作品或委由他人代勞之情況，以致影響評量結果的可信度。為求評量的公平性，教師要設法預防這個弊端的產生。

八、提高檔案評量的信效度

檔案評量被詬病者為缺乏信效度，若要提高檔案評量的信度，教師的做法有：相同的資料來源、建立評分規準或評分指引、訓練評分者、使用一位以上的評分者等。若要提升效度，則要界定檔案計分規準、提高檔案資料的代表性，即資料能代表學生在不同時間、範疇上的學習表現。

實施檔案評量的注意事項

與教學相結合	評量的內容是學生的實驗技能,那麼蒐集的材料就應主要是實驗設計、實驗報告、實驗過程中的觀察記錄等
與其他評量並行	輔以其他評量方式或工具,如傳統紙筆測驗、口試或公開展示方式
視情況實施自評及互評	要考慮教學情況,靈活且有彈性地進行自評及互評等活動
實施多次、多階段的協助或省思	以階段性方式呈現作品展示、交換同儕心得、引導學生進行省思
顧及學生可使用資源與家庭背景的差異	檔案製作與學生父母的教育程度、對子女教育關心與投入程度息息相關
採漸進引導的模式	累積一定的經驗之後,再逐步提升配分比例
教師要做好防偽的措施	學生可能會有剽竊、抄襲他人作品或委由他人代勞之情況
提高檔案評量的信效度	資料能代表學生在不同時間、範疇上的學習表現

提高檔案評量信效度的做法

相同資料的來源

建立評分規準或評分指引

訓練評分者

使用一位以上的評分者

提高檔案資料的代表性

Unit 8-8
檔案評量的優點與限制

我國自90年代以來，學習歷程檔案評量的運用開始蓬勃發展，且跨越了不同的學習階段與不同專業領域，例如：應用於通識教育、師資培育、國文、英文、數學、自然、音樂、資訊、健康教育、藝術、生涯規劃、幼兒園教育等（曾素秋，2014）。本單元針對檔案評量的優點與限制加以說明（曾素秋，2014；張基成、陳政川，2010；林素卿、葉順宜，2014）：

一、優點

（一）增進學生良善之學習行為

檔案評量具備的反思機制，使學生提升學習動機、自我調整能力、自我評鑑能力；有研究指出檔案評量能真實呈現學生的學習歷程，有助提升學生溝通能力、呈現多元化的想法，同時對學生學習行為亦有顯著的影響。

（二）增加自我省思與督促的機制

對學生而言，檔案評量可以證明自己的努力與存在感、傳達自己的想法以及建立自己的資料庫，不僅是具體的學習紀錄，亦可作為學生自我反思的依據，例如：明白自己的優劣勢，並能自我督促。

（三）增進親師生間的互動溝通

檔案評量須呈現學生多元化的資料，教師據以了解學生的個別特質、學習過程和學習方法，因此能增進教師對學生各項背景的理解，亦能促進師生情感交流。若家長能參與檔案的製作與評量歷程，更能以真實的眼光看待並參與孩子的成長。

（四）提升學生蒐集與統整資料的能力

檔案是有計畫、有系統的累積、整理、組織與呈現個人資料，在檔案建置的過程，學生資料蒐集統整之能力必能增加。

（五）檔案評量回饋教師改善教學

檔案評量可以協助教師了解學生一段時間以來的學習情況，有助於教師了解學生的學習狀況，並且找出教學的盲點。

二、限制

檔案評量與傳統評量相較，尚存在以下的限制有待克服：

（一）耗時費事

若要實施檔案評量必須注意時間之掌控，檔案評量的困擾是花費的時間過多，會增加老師及學生工作量，必須透過教師合作，以突破時間限制及降低工作量。

（二）檔案評量時應注意個別差異

學生語文能力的強弱、組織和表達方式，對其所呈現的內容會有影響，可能因此影響評量結果；除了檔案評量方式，教師也必須以多元方式了解學生之學習情形。

（三）教師應提升檔案評量的專業素養

為提升檔案評量之品質，教師對檔案評量實施之理念、評分規準等知識，應有更充分的認識，避免評分不公而引發爭議。

檔案評量的優點

1.增進學生良善之學習行為
- 提升學習動機、自我調整能力、自我評鑑能力

2.增加自我省思與督促的機制
- 明白自己的優劣勢,並能自我督促

3.增進親師生間的互動溝通
- 能促進師生情感交流,並促使家長參與孩子的成長

4.提升學生蒐集與統整資料的能力
- 有計畫、有系統的累積、整理、組織與呈現個人資料

5.檔案評量回饋教師改善教學
- 有助於教師了解學生的學習狀況,並且找出教學的盲點

檔案評量的限制

| 耗時費事 | 花費的時間過多,會增加老師及學生工作量 |

| 檔案評量時應注意個別差異 | 學生語文能力的強弱、組織和表達方式,對其所呈現的內容會有影響 |

| 教師應提升檔案評量的專業素養 | 教師對檔案評量實施之理念、評分規準等知識,應有更充分的認識 |

第 9 章

動態評量

章節體系架構 ▼

Unit 9-1
動態評量的意義

教育改革下，多元評量是重要改革目標之一，其中評量重要的發展趨勢，即是如何精緻化評量，且教學與評量相結合，以有效促進學生學習發展。新興起的動態評量（dynamic assessment）為達到此目標的方法之一，因為動態評量在評量過程當中，給予學生立即中介提示內容的協助，故又稱為「協助式評量」（assisted assessment），透過測驗時的互動過程達到教學效果，並協助學生產生鷹架提升學習潛能（許家驊、邱上真、張新仁，2003）。

動態評量是一種源自特殊教育的評量方式，強調施測者在評量過程中，配合受試者的實際需求，而給予必要的協助，以引導受試者成功解題（莊麗娟，2001）。動態評量一詞是由以色列心理學家及教育家弗斯坦（Feuerstein, R.）首先使用，他將傳統的心理計量測驗稱為「靜態評量」，認為傳統評量有以下的缺失：1.重視結果，忽略過程；2.解釋分數時，忽略社會環境對個人行為的影響；3.測驗結果無法提供與課程教學有關之訊息；4.傳統測驗具有文化公平性的爭議；5.傳統靜態測驗所評量的只是「目前兒童的能力表現」，忽略「未來的學習潛能」（Feuerstein, 1979）。針對上述傳統靜態測驗的缺失，動態評量遂因應而生，然而其在概念上並不反對傳統測驗，而是改進其缺失，其中一項修正方向是當施測者在受試者測驗結果不佳時，給予適當的協助或提示，形成：測驗－介入－再測驗」（test-intervene-retest）的評量模式。因此動態評量其

意義是指教師以「前測－教學介入－後測」的主動介入模式，對學生的一般認知能力或特定學科領域進行持續性學習歷程的評量。而動態包含了兩層意義：1.了解受試者動態認知歷程與確定認知能力的變化情形，著重評量學習歷程與認知改變；2.著重評量者與受試者的互動關係，強調評量與教學結合（古明峰，1997；莊麗娟，2003）。

歷程中的「教學介入」為評量的重要部分，即在測驗進行中，允許針對受試者獨特的需要提供暗示、線索及協助等教學支持，它的目的是希望透過多階段、多型態的協助，較深入的診斷受試者的認知缺陷與解題障礙，從中評估有效的協助方式。因此，動態評量相當重視充分溝通的互動歷程，並持續評析學生對教學的反應與學習歷程，剖析教學前後，學生認知能力的發展與改變，進而提供發展或改變所需的教學介入的評量方法，乃是一種結合教學與診斷的評量模式（古明峰，1997；莊麗娟，2003）。

動態評量的意義

- 源自特殊教育的評量方式，強調施測者在評量過程中，配合受試者的實際需求，而給予必要的協助，以引導受試者成功解題

- 在評量過程當中給予學生立即中介提示內容的協助，故又稱為「協助式評量」

- 透過測驗時的互動過程達到教學效果，並協助學生產生鷹架，提升學習潛能

傳統評量的缺失

1.重視結果，忽略過程

2.解釋分數時，忽略社會環境對個人行為的影響

3.測驗結果無法提供與課程教學有關之訊息

4.傳統測驗具有文化公平性的爭議

5.傳統靜態測驗只評量「目前兒童的能力表現」，忽略「未來的學習潛能」

動態評量教學介入的目的

允許針對受試者獨特的需要提供暗示、線索及協助等教學支持

希望透過多階段、多型態的協助，診斷受試者的認知缺陷與解題障礙

從中評估有效的協助方式

Unit 9-2
動態評量的理論基礎

隨著資訊科技的發展，線上教學與評量因而更加普遍，動態評量也再度興起。動態評量所強調的重點不在於評量過去既有的知識、技巧或經驗，而是在於評量學習過程中的改變，以及評量過程中教師的教學介入與學生的回饋反應。《十二年國民教育課程綱要》的核心訴求，在於培養學生的素養能力，動態評量可促進教師落實「以學生為中心」的適性評量，能更加細微地去關注其素養能力的發展，輔以師生互動模式，增進學生從教學中獲得素養能力，並幫助他們達到學習遷移之成效（高郁婷，2022）。

動態評量主要的理論基礎來自蘇聯心理學家維高斯基（Vygotsky, 1978）的社會認知發展論，這個理論建構在「社會中介」（social mediation）及「內化」（internalization）兩個觀點上，並提出「近側發展區」（zone of proximal development，簡稱ZPD）的概念來評估學習潛能。維高斯基認為社會文化是影響認知發展的要素，個體高層次的認知功能，都是起源於社會互動的結果，起初需要透過中介者，例如：父母、教師或能力較好的同儕之協助，而後漸漸內化這些活動，成為自己認知結構的一部分，最後獨立，不再需要外在的支持。換言之，認知發展係由外而內逐漸內化，由外鑠逐漸轉為內發（莊麗娟，2003）。維高斯基從近側發展區的理論出發，繼而提出「鷹架」的概念，即他人所給予兒童的協助，稱為「鷹架作用」（scaffolding）。就教學而言，維高斯基反對以兒童既有的發展階段為導向的教學觀點，而主張能喚起和激發生命中潛在功能，使其朝向更成熟方向發展之良好教學。教學不應只是配合實際的發展層次，更應該符合兒童的潛在發展層次，創造兒童的近側發展區，以提升認知發展層次。因此動態評量亦符合維高斯基的近側發展區企圖發展改進認知功能的方法，亦即發展成為協助或激勵個體進行有效學習和成功行為反應的情境和條件（莊筱玉、黎瓊麗、林玫妙，2007）。

動態評量另一個理論依據為弗斯坦（Feuerstein, 1979）所強調的「認知可改善性」，他認為兒童若缺乏適當的中介學習經驗，將使得各種學習表現不佳，若給予補償的中介學習經驗，兒童將有更佳的表現。為了驗證其理論，弗斯坦發展了兩個評估工具：學習潛能評估工具（the learning potential assessment device, LPAD）和工具性充實方案（instrumental enrichment, IE）。在這兩種評量工具中，主試者所擔任的角色由施測人員變為教學者或訓練者，與受試者之間的關係是互動的（朱經明、蔡玉瑟，2000）。

動態評量的發展

資訊科技的發展，動態評量再度興起

動態評量可促使教師落實「以學生為中心」的適性評量

學生可從教學中獲得素養能力，並達到學習遷移之成效

動態評量的理論基礎

社會認知發展論	維高斯基從近側發展區的理論出發，提出「鷹架」的概念，即他人所給予兒童的協助
	教學不應只是配合實際的發展層次，更應該符合兒童的潛在發展層次，創造兒童的近側發展區

認知可改善性	弗斯坦認為兒童若缺乏適當的中介學習經驗，將會學習表現不佳，若給予補償中介學習經驗，兒童將有更佳的表現
	在評量過程中，主試者所擔任的角色改變為教學者或訓練者，與受試者之間的關係是互動的

Unit 9-3
動態評量的特性

近二十幾年來，有關動態評量的研究在世界各地正積極的展開中，各派學者分別設計不同的評量模式，主要可分為學習潛能評量（learning potential assessment, LPA）（Budoff, 1987）、學習潛能評量設計模式（the learning potential assessment device, LPAD）（Feuerstein, 1979）、測驗極限評量模式（testing-the-limits assessment）（Carlson & Wield, 1978）、漸進提示的評量模式（graduated prompting assessment）（Campione & Brown, 1987）、心理計量取向的動態評量模式（psychometric approach）（Embretson, 1987）、連續評量模式（a continuum of assessment）（Vye, Burns, Delclos, & Bransford, 1987）等六類，這些模式皆採「前測—介入—後測」的程序，但在評量中的訓練階段卻各有不同（華國棟、莊筱玉、莊荏惠，2017）。上述模式大致是針對可教育性智能不足兒童及低成就學生而設計，國內的使用大多針對國小學生及補救教學而設計，但近年來也發展成電腦化動態評量（computerized dynamic assessment），藉由電腦軟體設計漸進式的提示系統，提供有意義的互動與回饋教學，例如：以電腦化動態評量來檢測國中生在英語聽力上遇到的困難，並給予個別化的協助（高郁婷，2022）。

上述的各種動態評量模式都有其優點與限制，但在學科領域上的研究，國內外學者多以「漸進提示評量」（graduated prompting assessment）（Campione & Brown, 1987）來進行研究，也就是結合評量與鷹架促進的

特色，在協助或互動下進行之評量程序（許家驊，2023）。教師在測驗進行中，允許給學生提供暗示、線索及協助，以便獲得學生「最大可能操作水準」的資訊，因此有學者（Lidz, 1991）認為主動性（activity）和可變性（modifiability）為動態評量中的主要特色。主動性指的是評量者與被評量者的關係是主動的，即評量者是中介者、學習者為主動參與者時，二者之間的互動；可變性指的則是評量結果是可變的，即著重於認知功能，並試著改變這些功能。綜合多位學者的觀點，動態評量具有以下特性（黃淑津、鄭麗玉，2004）：

1. 前測—中介—後測的評量過程，結合評量與教學。
2. 兼重鑑定、診斷與處方。
3. 探究學習者的認知發展，重視評量過程甚於結果。
4. 由評量中發現個體認知改變所需介入的程度和方式。
5. 有別於傳統標準化評量只重視既有成果的表現，動態評量是在促進個體的潛能發展，評量個體的最佳表現。
6. 教師與學生充分的互動、適時的提供協助。
7. 著重於個別學生學習歷程的確認與評量，而非同儕之間的能力比較。

動態評量的模式

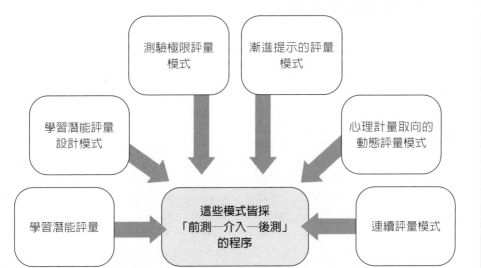

測驗極限評量模式

漸進提示的評量模式

學習潛能評量設計模式

心理計量取向的動態評量模式

學習潛能評量

這些模式皆採「前測—介入—後測」的程序

連續評量模式

動態評量的特性

以「漸進提示評量」所進行研究發現，動態評量具有以下特性

- 前測、中介、後測的評量過程，結合評量與教學
- 兼重鑑定、診斷與處方
- 探究學習者的認知發展，重視評量過程甚於結果
- 由評量中發現個體認知改變所需介入的程度和方式
- 不重視既有成果的表現，而在促進個體的潛能發展，評量個體的最佳表現
- 教師與學生充分的互動、適時的提供協助
- 著重於個別學生學習歷程的確認與評量，而非同儕之間的能力比較

Unit 9-4
動態評量的實施方式

漸進提示評量採用「前測—學習—遷移—後測」四個階段程序來了解學生的學習、保留、遷移能力，前測及後測階段為靜態評量，在了解學習前後的表現，而學習及遷移階段則實施動態評量，施予一系列標準化介入策略（莊麗娟，2003）。以下分別說明動態評量的實施方式（莊麗娟、邱上真、江新合，1997；古明峰，1997；莊麗娟，2003；賴浩銘，2014）：

一、前後測

前測目的在評量兒童認知發展力的基準線，亦即起始能力，作為提供教學支持及不同團體組別能力差異情形的參考資料。後測目的則在測量兒童經教學介入處理後的能力發展情形。

二、學習階段

學習與遷移階段是漸進提示評量所強調的重點。在學習階段評量時，倘若兒童無法答出特定問題的答案，此時施測者按照事先所設計好的一系列提示給予指導。這些提示開始為一般性的提示，後逐漸特殊、具體，最後的提示確定能提供兒童正確回答問題。有關教學介入的部分，有些教師採取診斷性、非標準化的互動方式進行評量；有的選擇標準過程以提供量化的資料，而為了在班級上實施團體施測的便利性，有教師採用標準介入過程的漸進提示動態評量模式，即每個試題固定設計4-5個提示。

三、遷移階段

在遷移階段的評量與學習階段評量過程類似，所需教學提示量愈少，代表能力愈高；反之，所需教學提示量愈多，代表其能力愈低。遷移問題是依據原來學習問題領域分析，找出適合水平遷移的概念，將問題的形式加以變化，與原來的問題相類似。根據題型的難易程度，分成維持、近遷移（與原題目稍作變化）、中遷移及遠遷移（與原題目變化幅度較大）四種層次，提供給受試者進行施測。除了可以得到學生不同的能力量數，以進行「量」的分析外，亦可從直接評量學習遷移過程中，觀察學生認知功能的運作，例如：執行基本運思的速度、思考的方式、學習態度等臨床診斷訊息，以提供補助教學參考。這個步驟屬於教學階段，教師找出與例題相近似的題目供學生練習。

綜合以上的流程，當全班進行動態評量時，其實施步驟如下：1.呈現問題，以學習單或測驗卷等形式呈現問題，教師依題號順序進行評量；2.學生解題，程度較佳的學生可以直接寫出答案；3.教師誘導學生解答問題，針對不會答題的學生，教師開始教學介入，提出各種形式的誘導、協助或中介，以幫助學生表現最大的成就水準；本步驟重複循環，直到整份試卷答題完畢；4.計分，教師設計計分標準，依據學生正確答題所取得的協助計算得分，所給予的提示愈少，分數越愈高。詳細的實施程序參見右頁表格。

漸進提示評量實施程序

實施程序	施測者介入階段	提示階段內涵	施測者的提示語範例
受試者自評	無	由受試者自評其是否了解題意？是否需要進一步的說明題意？題意支援之後，受試者即可進行解題及作答	受試者閱讀及解題
簡單回饋	簡單消極的回饋	當受試者答案錯誤時，暗示其再檢查一遍。此類提示的目的在於規範受試者細心解題，並了解其解題錯誤是否由粗心造成	那是很好的嘗試，但並不太正確，想一想要怎麼回答？
關鍵提示	問題轉譯的提示	當受試者在簡單回饋之後，仍然無法正確解題時，則配合解題策略進行一系列的關鍵性提示。本階段依解題步驟又分成多種提示	讀一讀題目，找出題目中要你回答的問題是什麼？ 讀一讀題目，題目中告訴我們哪些事情是在回答時必須用到的？
關鍵提示	工作記憶的提示		施測者閱讀問題，對於問題敘述情境中關鍵語句，特別加強語句
關鍵提示	解題重要關鍵的提示		注意！題目中的……是不是……呢？
關鍵提示	策略知識的提示		題目中的敘述提到哪些東西？
關鍵提示	協助執行策略		你可以將……然後想一想可以怎麼回答
直接教學	示範整個解題步驟	當受試者在一系列提示後仍無法成功解題，則給予直接教學	評量者說明問題的意義，示範解題

資料來源：賴浩銘（2014，頁22）。

Unit 9-5
教學提示設計的建構

184

漸進提示評量與傳統評量的最大差異在於提示系統的設計。傳統評量為了精確的評估受試者的成就水準，其試題編製往往儘量避免試題本身的暗示性（提示性），以提高評量的鑑別力，在這種理念下，提示系統的設計顯得相當不必要。然而，漸進提示評量採用近側發展區概念，希望透過一系列的提示系統，進一步的評估其潛在的成就水準，檢視其學習潛能。因此，評量時必須提供一個事先設計好的協助系統，實施平行式的作業訓練，以了解受試者如何達到目前表現、為何只達到目前表現，以及需要或缺少什麼的協助，方能達較高的表現。

至於提示系統的建構，有以下幾點原則：1.提示系統大部分由逐步具體化的問句系列組成，在性質上如同一套較細部化的子試題，其內容著重在目標作業的導向，而非兒童實際作業表現為導向設計提示；2.提示系統在編製前，需經過作業分析及認知成分分析，分析出解題的策略與步驟，作為提示時的參考；3.提示系統的編擬，採漸進提示的方式，是依照「由一般、抽象而逐漸特定、具體」的順序來排列。最初的是屬於較抽象、一般性的思考提示，然後漸漸趨向於詳盡而明確提示，在這些提示過程中也包含了後設認知思考，如計畫、監控、修正等部分；4.這些教學或提示的提供，乃是以鷹架支持的方式進行，使學習者逐漸熟嫻解題技巧。

以王文伶、張云綺、蕭輔萱等人（2014）所編製的提示系統為例，在實際教學中，如下面表格的中介並非照順序逐一提供協助，而是依學生的學習狀況與需求，彈性給予學生學習上的提示與協助。同時，在過程中提供鼓勵與讚美，增加學生學習之信心。

王文伶等人（2014）探討非標準化學習潛能中介模式對於國中資源班學生數學學習成效的影響，其教學單元為康軒版國中第五冊的「求切線長」，右頁的表格為使用動態評量時所設計的提示系統。

提示系統之形式

中介層級	解題	中介協助	協助重點
起始	無	無	說明作答方式
告知	無	告之對錯	針對答案給予對錯回饋
一般促進	讀題	協助讀題	引導讀題
一般促進	重述題目	重述及找出重點	重述題目並將重點畫線
明確促進	理解問題	提示解題方式	根據題型做題意的說明
明確促進	探究問題	提供訊息表徵	使用具體表徵說明問題
大部示範	提供策略	提供解題程序	說明列式方式並協助列式
細部示範	執行解題	直接解題	直接解題並說明計算方式
停止	無	無	停止或進行下一題

資料來源：王文伶、張云綺、蕭輔萱等（2014，頁27）。

「求切線長」提示系統

題型：求切線長		題目01：$\overleftrightarrow{PA}$與圓O切於A點，已知圓O的半徑為5，$\overline{OP}=10$，求切線長$\overline{AP}$。
中介層級	**中介協助**	**提示內容**
起始	無	現在請你把這一題的答案寫在答案欄中。
告知	簡單回饋	答案不對唷！你再想想看。
一般促進	讀題	請你把這一題的題目大聲念一遍（念完後），這樣你知道問題在說什麼嗎？
一般促進	重述題目	你可以用你的意思來告訴我，題目想要問什麼嗎？沒錯，這一題是要你觀察圓O，找出切線與圓的關係，求出切線長$\overline{AP}$的長度，也就是圓O與$\overleftrightarrow{PA}$切於A點的長度，你再想一想。
明確促進	理解問題	這類型的題目是在探討圓和線段的關係，題目說$\overleftrightarrow{PA}$切於A點，就是圓和線剛好切於一點，這切線垂直於圓心和切點的連線，代表$\overleftrightarrow{PA}$剛好垂直於圓O與切點A的連線，可利用這線索找出切線長$\overline{AP}$的長度。
明確促進	探究問題	因為$\overleftrightarrow{PA}$剛好垂直於圓O與切點A的連線，連接$\overline{OA}$，所以$\overline{OA}$垂直於$\overleftrightarrow{PA}$，一圓的切線必垂直於圓心與切點的連線，現在老師手上有一個圓（圓O），桌面上放著一張紙，有個線段，圓切於線段的某一點，我們用三角板來量量看有沒有垂直，結果是有垂直。請你再想一想，求出切線長$\overline{AP}$。
大部示範	提供策略	1.當你看到這題目時，首先你會做什麼？沒錯，連接$\overline{OA}$，$\overline{OA}$為圓O的半徑=5，$\overline{OA}$垂直於$\overleftrightarrow{PA}$。 2.再來你會想到什麼？嗯！沒錯，你有看出來△OPA為一個直角三角型。 3.知道△OPA是直角三角型，接下來該怎麼做呢？要求出$\overline{AP}$就要用畢氏定理求出來。 $\overline{AP}=\sqrt{\overline{OP}^2-\overline{OA}^2}$
細部示範	執行解題	$\overline{OA}=5$，$\overline{OP}=10$ $\overline{AP}=\sqrt{\overline{OP}^2-\overline{OA}^2}=\sqrt{10^2-5^2}=\sqrt{100-25}=\sqrt{75}=5\sqrt{3}$
終止	無	剛才做完這一題的時候，有沒有檢查一遍呢？

資料來源：王文伶、張云綺、蕭輔萱等（2014，頁28）。

Unit 9-6
動態評量的優點與限制

　　動態評量可改善傳統評量所重視學習結果的缺失，眞正落實「評量即教學」的理念，雖然動態評量有絕佳的立論基礎，但在追求客觀、數量化的心理計量傳統下，仍難普遍運用於教學評量之中（黃桂君，1995）。以下僅就動態評量的優點及限制加以探討（林麗容，許家驊，2017；黃桂君，1995；陳昭儀，1996；莊麗娟，2003；陳昭儀，1996；黃淑津、鄭麗玉，2004）：

一、動態評量的優點

（一）是無歧視性的認知評量方式

　　文化不利或身心不利的兒童由於缺乏適當的學習經驗，以及接受測驗的先備技能，在使用傳統的靜態評量方式極易低估其認知潛能。而許多研究發現學習困難或文化不利的學生，動態評量比靜態評量更能有效預測其學習成就。

（二）與教學緊密結合

　　評量的最新趨勢爲「評量即學習」，動態評量的取向符合評量的發展趨勢。動態評量目的並非鑑定學生的病因或予以學生標記、分類，而是確認在何種情況下，學生可經由教學中獲致最大的認知改變，以發掘學生的最大潛能。

（三）以學習歷程爲導向

　　動態評量的主要目標在於確認學生的思考歷程或解決問題所涉及的認知成分，因而較能了解學生如何表現的學習歷程、較能確認學生思考歷程與解決策略的缺失，也較能覺察學生思考或認知結構的錯誤類型。

（四）讓學習者獲得成功

　　動態評量會設法因應學生的學習需求，不斷調整教學策略，且較能避免非認知因素對教學與評量的干擾，例如：施測焦慮、過度緊張、缺乏信心、恐懼失敗或缺乏動機等。因此能強化學生正向自我觀念，讓學生能獲得學習成功的喜悅。

二、動態評量的限制

（一）耗費時間及人力成本較高

　　動態評量在最初的發展階段多是以個別測驗的方式進行，再由特殊教育應用到普通班的團體施測，團體施測及電腦化施測皆是一種改革趨勢，對降低人力成本有極大的幫助。但提示系統的設計，也需要花費教師不少的時間。

（二）動態評量的心理計量問題

　　動態評量較常受到的第二項批評爲心理計量的問題，包括施測時無標準化的評量程序、缺乏比較評量結果的常模、計分上無法符合客觀性的要求等，這些問題皆與信效度有關。

（三）評量者應善於分析、引導

　　在動態評量的過程中，評量者要能敏銳的察覺受評者的表現，以便給予適當的提問、分析、引導等。如果要將動態評量應用到全班，教師可能就無法關注到每位學生的表現，這時需要使用標準化的提示系統，例如：只給予學生三種提示階段：1.給予簡單回饋；2.給予關鍵提示；3.直接教學。

動態評量的優點

是無歧視性的認知評量方式

- 學習困難或文化不利的學生，動態評量比靜態評量更能有效預測其學習成就

與教學緊密結合

- 學生可經由教學中獲致最大的認知改變，以發掘學生的最大潛能

以學習歷程為導向

- 較能確認學生思考歷程與解決策略的缺失
- 較能覺察學生思考或認知結構的錯誤類型

讓學習者獲得成功

- 會設法因應學生的學習需求，不斷調整教學策略
- 能強化學生正向自我觀念，讓學生能獲得學習成功的喜悅

動態評量的限制

耗費時間及人力成本較高

- 適用於個別或小組施測的評量方式
- 提示系統的設計需要花費教師不少的時間

動態評量的心理計量問題

- 施測時無標準化的評量程序
- 缺乏比較評量結果的常模
- 計分上無法符合客觀性的要求

評量者應善於分析、引導

- 評量者要能敏銳的察覺受評者的表現
- 應用到全班，教師無法關注到每位學生的表現

建立標準化的提示系統

標準化的提示系統 ＝ 1. 給予簡單回饋 ＋ 2. 給予關鍵提示 ＋ 3. 直接教學

Unit 9-7
課程本位評量

「課程本位評量」（curriculum-based assessment, CBA）與動態評量的概念均源自特殊教育，二者皆是整合課程、教學與測驗的非標準化評量，是由教師在教學過程中，以實際課程內容為基礎編擬而成之評量，主要是藉由高內容效度（content validity）、簡單易行的經常性測驗，作為教師及時評估學生學習困難及補救教學的評量（王慧豐、陸正威，2001）。

在美國因經常使用標準化、常模參照的成就測驗來評量學生，但這類的測驗內容並非取材自學校課程，所得結果不能反應教學績效或學生的學習狀況，也無法提供資料作為教學的決定，因為評量與教學之間無法產生聯結。而常模參照測驗又側重個體和群體的比較，不能適應個別的需要，因此需要標準參照、課程本位的評量方式（吳玉珍、劉佩雲，2014）。課程本位評量具有以下的優點（王慧豐、陸正威，2001）：

1. 施測過程短暫：只需要花費10分鐘左右，就能夠評量學生的表現。
2. 節省教師命題時間：測驗內容取自學生的教材，也就是具備相當高的內容效度。因教學與評量相結合，教師不需要額外使用其他的測驗材料，有助於教師節省命題的時間。
3. 形成性評量與回饋：藉由經常性的評量，可了解學生基礎學業能力的表現，可發現學生學習的困境或進步情形，亦可評鑑教師的教學績效。

近年來，課程本位評量適用對象已經由輕度至中度智能不足、嚴重情緒障礙等特殊教育學生拓展到普通班的低學業成就學生，適用的年齡亦自小學往上拓展至中學階段（王梅軒、黃瑞珍，2005）。至於課程本位評量的實施程序則包含以下步驟（張世慧、溫雨涵，2012）：

1. 分析課程：檢視課程上的知識和能力，並且評估學生在學習上所需成就表現或能力，據此安排教學活動。
2. 確定每位學生目前的表現水準：教師從對學生的經驗和觀察中，了解學習困難學生的特性，並建立學生的成就表現資料。
3. 選擇目標行為和成就標準：教師須確定學生能被觀察到的目標行為和有意義的學業成就指標，以決定學生適當的精熟標準。
4. 實施評量：在例行性的教學中實施測驗，施測時間不宜過長，以免占用上課時間，且需記錄學生的學習情形。
5. 蒐集和展示資料：蒐集和展示資料可協助教師作教育性決定，通常由資料本身可看出學生明顯的成就趨向，但若能圖表化，有時會更有價值。
6. 作教育性決定：一旦資料分析完成後，教師須使用資料作有關每位學生教學成效的決定。

課程本位評量的意義

整合課程、教學與測驗的非標準化評量	教師在教學過程中，以實際課程內容為基礎編擬而成之評量	其特色為高內容效度、簡單易行的經常性測驗

課程本位評量的優點

1.施測過程短暫：只需花費10分鐘左右，就能夠評量學生的表現

2.節省教師命題時間：測驗內容取自學生的教材

3.形成性評量與回饋：藉由經常性的評量，可了解學生基礎學業能力的表現

課程本位評量的實施程序

1.分析課程	• 檢視課程上的知識和能力 • 評估學生所需成就表現
2.確定學生目前的表現水準	• 了解學習困難學生的特性 • 建立學生的成就表現資料
3.選擇目標行為和成就標準	• 確定學生的目標行為 • 決定學生的精熟標準
4.實施評量	• 在教學中實施測驗 • 施測時間不宜過長
5.蒐集和展示資料	• 由資料可看出學生明顯的成就趨向
6.作教育性決定	• 教師使用資料，作有關每位學生教學成效的決定

第 **10** 章

情意評量

● 章節體系架構 ▼

Unit 10-1
情意評量的意義與重要性

　　教學目標應兼顧認知、情意及技能，教學活動才不會過於窄化。而情意的學習需要情意評量（affective measures）來引導，並藉由適切的評量方式來蒐集資料，以了解學生的情意發展。雖然情意評量不易實施，但並不意味情意評量就可受忽略，教師只要能掌握情意評量的重要技術，即可藉由情意評量，有效地引導學生的情意發展（蔡進雄，2009）。

一、情意評量的意義

　　根據克拉斯渥爾等人（Krathwohl, Bloom, & Masia, 1964）的看法，情意是指個體的情感、態度、動機、對事物接受或拒絕的程度、價值、理想或偏好，對於此一領域的評量即稱為情意評量。各個學科在認知、技能、情意三項層面所占的比重不同，例如：數學科認知的比重最高，體育科的技能比重最高，情意比重較高的學科是文史藝術等人文學科。依據西方教育的發展過程，大部分教育家都重視認知層面的學習，直到當代人本主義思潮的興起，才重新對情意教學的重視。

二、情意評量的重要性

　　校園霸凌與師生衝突的事件頻傳，顯示青少年的價值觀在急遽的社會變遷中發生嚴重的偏差，而細究其原因，青少年欠缺在情意方面的學習，很容易導致價值觀的偏差與負面行為（郭如育，2011）。因此情意評量在教育具有以下的重要性（郭如育，2011；郭生玉，2016；陳靜姿、洪碧霞，2010）：

（一）實現全人教育目標的理想

　　情意教學具有追求完美品格及全人目標的功能，學生透過情意教學將能接受某些已篩選妥當的價值觀和人生觀，進而培養高尚的品格，以達成全人教育目標的理想，並成為在知性認知（intellectual cognitive）與感性情意（emotional affective）領域能平衡發展的個體。

（二）積極正向的情感有助於認知學習

　　情意和認知並非各自獨立，毫不相干的兩項特質，它們彼此相互影響，共同成長。因此學校教育只重視認知的教學，而忽略情意教學的現象，是一種不正常的教育，稱之為反人性化的教育。以國高中生為例，在完成青少年階段發展任務的過程中，教導學生妥善管理多變的情緒相當重要。以數學情意層面為例，包括態度、信念、動機，以及數學焦慮等，可統稱為數學學習氣質，數學氣質可以凝聚成數學學習的能量，使學生思考數學時更具興趣和信心。

（三）增進適應社會生活的能力

　　情意評量除可輔導學生情緒成熟發展之外，並能協助其獲致健全的自我適應與良好的人際關係。學生若具有良好人際關係，則對社會適應能力的增進有極大的幫助。然而在升學至上、智育掛帥的今天，這些能力都未受到重視，以至學生個人適應與社會適應的問題層出不窮。

情意評量的意義

情意是指個體的情感、態度、動機、對事物接受或拒絕的程度、價值、理想或偏好

對此一領域的評量，即稱為情意評量

各個學科在認知、技能、情意三項層面所占的比重不同，例如：數學科偏重認知

情意評量的重要性

實現全人教育目標的理想	• 學生透過情意教學將能接受某些已篩選妥當的價值觀和人生觀，進而培養高尚的品格
積極正向的情感有助於認知學習	• 情意和認知並非各自獨立，毫不相干的兩項特質，它們彼此相互影響，共同成長
增進適應社會生活的能力	• 情意評量除可輔導學生情緒成熟發展之外，並能協助其獲致健全的自我適應與良好的人際關係

Unit 10-2
情意評量的範疇

　　情意教學可分為個人面向的人格發展與他人互動的社會發展層面。個人的人格發展層面，包括自我情緒察覺、價值與態度的建立、意志的培養；而在社會發展方面則可分為察覺他人情緒、同理心的培養，以及人際關係的互動（郭如育，2011）。適合班級教學的情意評量具體的主題如下（吳明隆，2021；陳慧蓉、張郁雯、薛承泰，2018；徐俊斌等，2015；Linn & Miller, 2005; McMillan, 2011）：

一、個人特質

　　個人特質（personal traits）是個體的內隱特質與情感特質，運用性向測驗，可了解學生的一般潛在能力與特殊潛在能力；運用人格測驗，可幫助教師了解學生的人格特質與行為習慣，可從中篩選適應不良學生；運用興趣測驗，可幫助學生了解自己的興趣。

二、工作習慣

　　工作習慣為學生在進行學習活動所表現出來的行為，例如：維持環境整潔、物歸原位等美德，其內容可包含計畫的有效性、時間的運用、設備的使用、資源的利用、創造力、堅持及可信任度等特質的展現等。

三、態度

　　態度為一種內在的狀態與信念，是學生對於人、事、物作出某種反應的意願或是行為的傾向，例如：學習動機、學習態度、社會態度及科學態度等。

四、興趣

　　學生表達對不同學習領域、運動、政治、社會、休閒娛樂、流行文化、職業等活動的喜好程度，愈感興趣的事物，愈能吸引學生的注意力及投入。以學習投入（learning engagement）為例，是指學生對於學校活動的參與及積極付出，由評量可得知學生對於教室學習行為及學校活動的參與程度。

五、欣賞

　　對自然、科學、音樂、藝術、文學、身體技巧、傑出的社會貢獻等表現出令人滿意的感覺及樂趣。

六、調適

　　可視為適應環境的能力，是個體為滿足求知需求和外在壓力，而採取的因應策略，包括與同儕的關係、對讚美與批評的反應、情緒的穩定性、挫折的容忍力、學習適應、學校適應等。

七、價值觀

　　價值觀、品德的形塑是情意教學的重要目標，凡是能引導學生向善的行為或特質，都是重要的品德特質，藉由這些向善的特質，幫助學生建立正向且健康的價值觀。重要的內涵包含誠實、正直、仁慈、堅持、忠誠、勇氣、容忍等項。

八、社會關係

　　社會關係是與同學互動所產生的人際關係，包括與同儕進行基本互動、與人合作完成工作、能與同學互相討論課業、與同學和諧相處、班級氣氛等。

情意教學的範疇

情意教學

個人面向的
人格發展

自我情緒察覺、
價值與態度的建立、
意志的培養

與他人互動的
社會發展

察覺他人情緒、
同理心的培養,
以及人際關係的互動

情意評量具體的主題

個人特質

內隱特質與情感特質

工作習慣

學生在進行學習活動
所表現出來的行為

態度

一種內在的狀態與
信念,如學習動機

調適

為滿足求知需求和外在
壓力,而採取的因應
策略

欣賞

對各種學習領域表現出
令人滿意的感覺及樂趣

興趣

學生表達對不同學習領
域、運動、政治、職業
等活動的喜好程度

價值觀

引導學生向善的行為或
特質

社會關係

與同學互動所產生的
人際關係

Unit 10-3
情意評量的觀察法

　　觀察法是學習評量中最常用的一種方式，不但在認知學習的評量中普遍使用，情意學習的評量亦常採用（郭生玉，2016）。觀察法可分為非正式觀察及系統觀察法兩種，大多數教師採用非正式觀察，例如：上課時直接觀察學生的學習表現，是否專心講課或有學習上的問題等。觀察法需要輔以三項記錄方式，分別是軼事記錄、評定量表（rating scales）、項目檢核表（checklists）（郭生玉，2016），由於軼事記錄法已於多元評量中提及，以下僅就評定量表、項目檢核表這兩種方式加以探討（周新富，2009；郭生玉，2016；Linn & Gronlund, 2000）：

一、評定量表

　　評定量表是一種測量工具，用於衡量受試者對某些屬性或特徵的態度、觀點或表現的程度，可以用於各種測量，包括個人特質、態度、行為、心理狀態等。教師先針對所要觀察的學生特質或態度，擬訂一系列語句或問題，再由教師觀察學生的表現而評分，經由加總之後得到一個分數。評定量表適用於評定工作的過程、結果、及個人的態度與行為，尤其最適合用來評量個人的態度與行為，如守時、熱心、合作、人際關係、情緒、誠實等特質，如右頁上方表格所示，該表為針對幼兒學習及生活表現所設計的評定量表。

二、項目檢核表

　　記錄直接觀察最簡單和最客觀的方式是採用項目檢核表。項目檢核表大多用於學習行為或特質的檢核，重點在有無做到或做對，而非程度高低、次數的多寡。因此檢核表不適用於強調特質出現的程度或行為出現次數的評量。設計檢核表時，必須依據教學目標先將學生應有的、可觀察的特質、具體行為表現，依照行為發生的順序逐一詳細分項，並以簡短、明確的行為描述語句來呈現，教師根據觀察的結果，判斷哪些行為是否出現，只做二分的判斷。

　　針對過程性的檢核表，例如：工作習慣、社會技巧等，可以先觀察學生的表現，再確定適當的步驟。設計檢核表依循以下步驟：1.將需要學生遵循的過程步驟清楚地敘述列舉；2.在列舉的項目裡，增加學生常會犯的錯誤；3.將正確的步驟及可能犯的錯誤按適當的順序排列；4.檢核表是否包含了學生的步驟或將學生的步驟編碼。右頁下方表格為評量學生是否關心別人所設計的檢核表範例。項目檢核表的內容可以課程或教學的內容、過程或結果為主要的設計項目，但因為只針對一些人格特質是否出現而加以記錄，所以容易產生以偏概全的現象。

幼兒學習及生活表現評定量表

幼兒姓名：
評量日期：　　　年　　月　　日～　　　年　　月　　日

評量項目	很棒，已做到	努力中	要加油
能正確念唱主題兒歌			
喜歡參與並享受閱讀活動			
能正確念誦三字經「十干者—宜協調」			
能安靜欣賞影片			
有良好的洗手及潔牙習慣			
樂於嘗試角落新購置的教（玩）具			
知道「請」、「謝謝」、「對不起」的使用場合及時機			
能主動換穿髒溼的衣物，並整理好帶回清洗			
能說出二種以上的端午節習俗			
能說出二種以上人體內的管子			
能認真參與結業典禮的活動及表演排練			

資料來源：沈玉潔、王雅綺、陳淑芬等（2008，頁6）。

關心別人檢核表

姓名：　　　　　　　　　　　　日期：

觀察者：　　　　　　　　　　　地點：

說明：下列是一些關心別人的特質，如果該特質常出現，則在其適當空格做記錄。

	是	否
1.察覺同學的處境和困難	☐	☐
2.樂於幫助有困難的同學	☐	☐
3.尊重同學的意見和觀點	☐	☐
4.事事考慮自己的權益	☐	☐
5.待人冷漠無情	☐	☐
6.富有同情心	☐	☐

資料來源：郭生玉（2016，頁440）。

Unit 10-4
情意評量的自陳量表法

自陳量表法（self-report inventories）最常用的方式是李克特量表（Likert scale），不僅可以測量態度傾向、學習興趣等外顯行為，同時也可以測量自我對學校環境的感受，例如：壓力、內心衝突、動機等。量表的設計是針對所欲測量的態度，編寫一系列有關的陳述語句，每個陳述句包含「非常同意」、「同意」、「不確定」、「不同意」、「非常不同意」等選項，然後將這些陳述句與選項，以結構化的排列方式呈現，由受試者逐題勾選其看法。正向或負向的陳述句可以混合並用，若要強迫學生對每個陳述句做出反應，可以將不確定或無意見選項刪除。其計分方式是正向敘述題分別給予5、4、3、2、1分，負向陳述句則是反向計分。每題的得分累加，若得分愈高，表示學生的態度愈積極（吳明隆，2021），其範例如右頁上方表格。

一、自陳量表的編製

教師若想自編李克特量表時，建議可以根據下列七個步驟來編製：1.確定所要評量的情意變項；2.編寫所要與情意變項有關的陳述語句；3.確定每項敘述句的反應項；4.編寫施測指導語；5.進行量表的預試；6.計分；7.依據試題分析選擇量表題目（Popham, 2005）。

二、自陳量表的優缺點

李克特量表除了編製容易外，尚有不少的優點：1.量表的同質性較高；2.題數一樣時，信度較塞士通式量表高；3.受試者可以表達其情意的強度；4.有較大的變異性；5.可以比照客觀成就測驗方式測量，省時方便（涂金堂，2009；郭生玉，2016）。由於自陳量表的問題形式很多都是假設情境，雖然在指導語或作答說明中，強調誠實作答可以幫助了解自己。但受試者若未身歷其境，即使想要誠實作答也是有所困難。因此自陳量表具有以下的限制（吳明隆，2021；謝廣全、謝佳懿，2019）：

（一）默許偏誤

當測驗題目敘寫複雜或不夠明確時，施測情境易使受試者分心，受試者由於看不懂題目，作答時不會認真思考題目所表達的意思，會固定傾向的勾選「同意」或「不同意」選項。

（二）極端作答偏誤

當題目要受試者表達其行為頻率、強度或密度等情況時，無論題目表達意涵為何，受試者傾向回答「非常同意」或「非常不同意」二極端選項。

（三）社會期許偏誤

如果受試者知道測量結果將作為爭取「許可」的主要依據，例如：申請入學或求職時，雖然量表在指導語中強調「問題沒有對與錯的分別」，但事實上許多題目都會顯露一些社會期許反應（social desirability response），因此受試者可能會「假裝很好」或選擇可以塑造良好印象的答案。

李克特量表範例

	非常同意	同意	無意見	不同意	非常不同意
1.數學不是一門有趣的學科	☐	☐	☐	☐	☐
2.數學是一門重要而值得學習的科目	☐	☐	☐	☐	☐
3.學習數學是浪費時間的事	☐	☐	☐	☐	☐
4.數學使我感到緊張和焦慮不安	☐	☐	☐	☐	☐

資料來源：郭生玉（2016，頁448）。

自陳量表的編製流程

確定情意
變項

確定反應
項目

進行量表
預試

試題分析及
選擇題目

編寫有關
陳述語句

編寫施測
指導語

計分

自陳量表的限制

默許偏誤	極端作答偏誤	社會期許偏誤
• 受試者看不懂題目時，不會認真思考題目所表達的意思，會傾向於勾選「同意」或「不同意」	• 當題目要求表達行為頻率、強度或密度等情況時，受試者傾向回答「非常同意」或「非常不同意」二極端選項	• 許多題目受試者會顯露社會期許反應，因此可能會「假裝很好」或選擇可以塑造良好印象的答案

Unit 10-5
情意評量的其他自我報告法

教師所觀察到的學生行為表現，有時是片面或是表面的訊息。有時只知道行為事件的結果，無法了解學生心理的感受或行為的原因。如果讓學生自己報告，有機會說出他們內心的感覺與想法，有助於了解學生態度、興趣、價值、人格特質（謝廣全、謝佳懿，2019）。情意評量最好也需要學生作自我評量和自我反省，因為評量不只是培養學生成為問題解決者，更應該鼓勵他們反省自己是否為問題解決者。這種反省工作也可以鼓勵學生分析自己的學習是否符合檢核表或量表所描述的內容，同時也監控自己的學習行為。所謂自我報告法（self-report technique）是由被評量的學生，自己透過填寫量表等方式，來得到所要的評量資料，以了解學生的情感、信念和態度（涂金堂，2009）。不過所獲得的資料是否有價值和有意義，必須先確定學生的回答是否出於自我意願，或是誠實的回答（郭生玉，2016）。自我報告法除了自陳量表法以外，尚有以下兩種方式：

一、語句完成法

語句完成法（sentence completion）就外型來看，好像是小學國語科的造句，但事實上卻是一種人格投射測驗，提供一些不完全的刺激，由受試者去填補或完成，常用來調查個人對某些人或某些事物的態度，或是個人在學校、家庭生活適應情形。語句完成法有幾個優點：1.施測簡單，不需要特殊訓練；2.可以團體施測，在短時間內得到多量資料；3.對受試者較無威脅感；4.可以依照所要探討的問題自行編訂。而其缺點是：1.書寫表達能力會限制此法的適用對象及內容的豐富性；2.所得資料無法量化；3.題數要多，並輔以其他觀察方法，才能作比較正確的推論（歐滄和，2007；郭生玉，1993）。右頁上方表格為語句完成法的範例。

二、自由書寫法

自由書寫法比較像非結構式的晤談，允許學生自由表露他們的生活經驗、情感、期盼等，教師所重視的是內容而不是文字與錯別字。它可以融入語文科的教學之中，並以團體方式實施。要使自由書寫法充分發揮情意評量的功效，要先讓學生相信教師會認真閱讀，教師會接納學生任何情感的表達。其方式有：1.自傳寫作與作文；2.日記與週記寫作。當學生完成文章的寫作之後，教師可以從中了解學生情意的發展，並可適時介入輔導（歐滄和，2007）。但在日記寫作方面，因涉及學生的隱私權，閱讀前先要取得學生的同意。教師也可以在家庭聯絡簿上，預留空間讓學生撰寫簡單的日記。

語句完成法的範例

作答說明：請你完成下列的句子，你可以依照自己的想法來寫。

1.一想到數學課，我就……

2.我相信……

3.我但願我是……

4.希望有一天，我……

5.一想到學校，我就……

資料來源：歐滄和（2007，頁374）。

語句完成法的優缺點

優點	缺點
1.施測簡單，不需要特殊訓練 2.可以團體施測，在短時間內得到多量資料 3.對受試者較無威脅感 4.可以依照所要探討的問題自行編訂	1.書寫表達能力會限制此法的適用對象及內容的豐富性 2.所得資料無法量化 3.題數要多，並輔以其他觀察方法，才能作比較正確的推論

自由書寫法的方式

自由書寫法 ＝ 自傳寫作與作文 從中了解學生情意的發展 ＋ 日記與週記寫作 閱讀前先要取得學生的同意

Unit 10-6
猜是誰技術

班級中的人際關係是影響個體行為的主要因素之一，研究班級內部的人際關係網路，可以使教師有效地掌握班級成員人際互動的相關情況，在協調學生關係方面作出正確決定，進而提高班級的凝聚力，促進良好學習風氣的形成。要分析班級內部的人際關係可以使用社會計量法（sociometric method），這個方法是1934年美國心理學家莫雷諾（Moreno）所創立，用以分析同儕地位等級，以及人與人間相互吸引與相互排斥的關係，台灣自 1970 年代引進，應用在班級經營上常譯為「社交測量」，依學生彼此喜歡的選擇，以了解學生在班級團體中的社交地位。在學校情境最廣為運用的同儕互評法可分為「猜是誰」及「社會計量法」兩種，本單元就先針對猜是誰這項測量法說明之。

猜是誰技術（guess who technique）是一種提名法（nomination），藉此可以獲得友伴評斷的資料。其評量方式是針對某一特質，呈現一些有關此特質的描述語句，如針對「勤學」的特質，設計出會先預習功課、會認真聽課、會用心寫功課等描述的語句，提名班上符合某項特質的同學，只要符合此特質的學生都可提名，並沒有提名人數的限制。特質的描述可採正向特質與負向特質兩類，為了避免負向特質會給學生標籤化的作用，盡可能避免採用負向的描述語句。從中可以找出某一學生被同學喜歡或不喜歡的理由，有助於教師診斷需要輔導的學生（王文中等，2011；涂金堂，2023）。右頁下圖為利用此技術進行同儕互評的作業單。

計分時只須計算每個學生在每個描述句獲得的提名次數即可，如果同一行為出現正向及負向的描述，則以正向的得分減去負向的得分。例如：班上有10人認為小慧慷慨，而有2人認為她小氣，則她在慷慨的得分是8分，由每位學生的得分型態可以得知她在班上的風評。同儕的評量結果也許與教師的印象不吻合，事實上，這是此類方法可貴之處，它能幫助教師發掘日常觀察未能覺察的學生特性與關係。使用猜是誰這項技術，可以用來評估學生觀察到的各種特質，其優點是實用性高，容易使用；而缺點則是教師必須針對某個特質編寫好幾道描述語句，此項編題工作並不容易，其次是害羞退縮的學生常常會受到忽略（王文中等，2011；王振圍，2021）。

猜是誰技術的意義及性質

目的：探究班級內部的人際關係網路，使教師有效地掌握班級成員人際互動的相關情況

在學校情境最廣為運用的同儕互評法可分為「猜是誰」及「社會計量法」

猜是誰技術是一種提名法，藉此可以獲得友伴評斷的資料

評量方式是針對某一特質，呈現一些有關此特質的描述語句，由同學提名班上符合該項特質的同學

評量學生合作能力的作業單

猜猜我是誰？

小朋友，這個學期的自然課，我們將班上分成幾個小組，上課中有很多的小組活動，所以每個人應該都很熟悉同組的小朋友。現在我們要來玩「猜猜看」的遊戲。下面有幾個句子是描述你們同組小朋友的特性。請你看完每個句子，猜猜同組中最像句子描述的小朋友是誰，將他（她）的名字寫在空格中。

如果你覺得有許多位小朋友都和句子所寫的很像，你可以都寫出來。

同一個人可以出現一次以上，只要他是最像句子描述的人。

記住，除了你和老師，沒有其他人會看到你寫的。

他（她）是一個會稱讚別人的人，他（她）是：

他（她）總是很注意聽別人說話，他（她）是：

他（她）遵從小組所有的規定，他（她）是：

他（她）樂於幫助別人，他（她）是：

組別：

日期：

資料來源：王文中等（2011，頁338）。

Unit 10-7
社會計量法的施測及解釋

圖解學習評量

莫雷諾所發展的社會計量法是測量團體動力的方法，藉以了解團體成員中彼此的連結關係，以及了解彼此連結背後的因素（王振圍，2021）。

一、施測方法

社會計量法施測方式以提名方式受到普遍採用，稱為「提名三人法」，包括正向和負向提名二種。早期認為採用負向提名法可能會破壞團體的和諧氣氛，多建議少採用，但部分研究發現並未如預期般有嚴重的副作用，為了有效區分孤立者（isolates）或被忽視者（neglected），建議同時兼用正、負提名法。但為避免產生標籤化的作用，在班級實施時，還是採用正向提名法較佳。實施提名法要先設定一或多個假設性情境，如選擇遊戲玩伴、分組學習等，所選擇的情境，必須是教學活動中的真實情境，不可以為了評量而虛構情境，真實情境的評量結果才可能對受評量者發生影響。為了便於分析起見，一般多以選擇三個人最為普遍，以學生為例，可以請同學就下列問題寫出3位同學的姓名：1.你最喜歡和班上的哪位同學坐在一起？2.你最喜歡和班上的哪位同學一起作功課？3.你最喜歡班上的哪位同學？並且對學生保證會對他們的選擇加以保密，使他們能安心選答（林璟玲、林儒君，2009；張建成，2000；涂金堂，2023）。提名法的作業單如右頁第二個圖示。

二、社會計量矩陣

教師回收學生的填答資料之後，必須經過資料的整理，才能洞悉複雜的關係網絡。在資料的整理過程中，社會計量矩陣是一個相當有用的協助工具。社會計量矩陣為一個N*N的方型表格，以右頁下表為範例作說明。有8位學生在獨立研究分組時選擇比較喜愛同組活動的三個人選，由於團體有8位學生，社會矩陣大小8×8。細格中的數值1、2、3表示學生選擇次序，以座號1選擇者而言，她選擇的次序分別為3號、7號與8號同學；以座號3選擇者而言，她選擇的次序分別為1號、4號與6號同學。座號1號同學有選擇3號同學、3號同學也有選擇1號同學，她們二者是一種互選結果。5號同學被選擇的總次數為0，表示其在團體中是一位人緣較差或獨立特異者，此種人稱為「孤立者」、「被排斥者」或「被忽視者」。座號7與座號8被選擇的次數較多，二位可能是班上明星。班級群體組織一般會有數位明星，明星之間會有連結，形成「網狀」脈絡，由於有數位明星，因而會有數個小團體或非正式組織出現（吳明隆，2021）。

社會計量法的施測題目

請同學就下列問題寫出3位同學姓名

1.你最喜歡和班上的哪位同學坐在一起？	2.你最喜歡和班上的哪位同學一起作功課？	3.你最喜歡班上的哪位同學？

社會計量法的作業單

姓名：　　　　　　日期：

這個學期我們會換兩次座位，舉辦一次校外教學活動。請你們幫老師分組，讓大家可以開心的學習。你只要將你想和他坐在一起的同學名字，以及校外教學想和誰分在同一組寫在下面的空格，就可以幫老師順利分組。你可以選擇班上任何同學，即使他今天缺席。其他的同學不會看到你的選擇，請放心填寫。

1.我想和這些同學坐在一起：1.　　　　　2.　　　　　3.

2.校外教學時，我想和這些同學分在同一組：1.　　　2.　　　3.

資料來源：王文中等（2007，頁340）。

8位學生的社會計量矩陣表

			被選擇者座號							
			女生				男生			
			1	2	3	4	5	6	7	8
選擇者座號	女生	1				1			2	3
		2	2	*	3					1
		3	1		*	2		3		
		4	3			*			2	1
	男生	5			3		*		2	1
		6	2					*	3	1
		7				3		2	*	1
		8		3				1	2	*
	被選次數		4	1	3	2	0	3	5	6

資料來源：吳明隆（2021，頁155）。

Unit 10-8
社會計量法的應用與限制

提名三人法經由分析後可以得知以下六種情況：1.誰是受歡迎型領導者；2.誰是次明星者；3.誰是一般者；4.誰是被斥忽視者；5.誰是邊緣者或孤立者；6誰是爭議人物，即接受數與排斥數均高者。其中侷促不安、缺乏自信、害羞膽怯、緊張退縮的人，較易為團體忽視，而成為社會孤立者。至於那些具有攻擊及侵犯行為、違反團體期望或規則、為教師帶來困擾者，則可能成為受排斥的人（張建成，2000）。如果同學之間有互選的情形，可以研判這是一個小圈圈，由社會關係圖也可以發現班級裡面有多少個小圈圈在運作（林璟玲、林儒君，2009）。教師依社會關係圖亦可進行班級輔導，讓「受排斥人物」及「孤立人物」學生有機會與其他學生進行互動，增加彼此了解，例如：請這兩類學生擔任班級公共事務、鼓勵其在課堂中發言等，以提升他們的同儕接受度。以下就社會關係圖及社會計量法之限制加以說明（郭生玉，2016；涂金堂，2009；Miller, Linn, & Gronlund, 2013）：

一、社會關係圖

社會關係圖是根據社會計量矩陣的資料，將其轉換成由幾個同心圓所構成的圖形，如右頁第二個圖所示。社會關係圖的畫法，通常將較受歡迎的學生擺在最內圈，而最不受歡迎的學生擺在最外圈。每個學生的呈現方式，是以三角形加上號碼表示男生的座號，以圓形加號碼表示女生的座號。另外，由於大部分的同學會傾向挑選同性的伙伴，為了讓社會關係圖比較簡潔，會將男女生分別呈現在圓形的兩邊。但是由於在繪製社會關係圖時須要耗費冗長的時間，使用電腦軟體可以精確而快速地來處理社會計量法所需的計算工作，並輕易地繪製出社會關係圖。

二、社會計量法的限制

社會計量表可以協助教師了解班級人際互動關係，但此種方法在使用上有幾點限制：

1. 由社會計量表所獲得的資料，只能了解學生人際網絡的現況，並無法獲知形成的原因。
2. 會因社會計量作業單不同的問題，而產生不同的學生人際關係圖，例如：為組成學習小組所挑選的人員，可能就不同於組成遊戲小組的人員。
3. 社會計量法必須在班級經過一段時間相處，彼此夠熟悉後進行才有意義。
4. 當班級人數超過25人以上，社會關係圖就很難繪製。

社會計量法的應用

得知班上同學以下七種情況

1. 誰是受歡迎型領導者
2. 誰是次明星者
3. 誰是一般者
4. 誰是被斥忽視者

5. 誰是邊緣者或孤立者
6. 誰是爭議人物
7. 有多少個小圈圈在運作

社會關係圖的範例

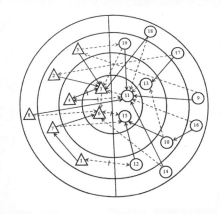

圖例
○男生
△女生
→第一選擇
→第二選擇

資料來源：謝廣全、謝佳懿（2019，頁460）。

社會計量法的限制

1. 只能了解學生人際網絡的現況，並無法獲知形成的原因

2. 會因社會計量作業單不同的問題，而產生不同的學生人際關係圖

3. 必須在班級經過一段時間相處，彼此夠熟悉後進行才有意義

4. 當班級人數超過25人以上，社會關係圖就很難繪製

第 **11** 章

評量的法規

● 章節體系架構 ▼

Unit 11-1
評量分數的呈現與解釋原則

當教師在撰寫成績通知單上的文字描述時，即屬於對學生評量分數的解釋，在解釋分數及呈現評量成績時要遵守一些原則，以避免解釋錯誤而造成學生的傷害，以下分別說明之（曾大千，2009；歐滄海，2007；郭生玉，1993）：

一、遵守相關法律規定

評量係學校教學活動之重要環節，其成績紀錄則為表徵學生學習成果的重要資料，因此受到學生及家長的高度重視，行政人員及教師在使用評量成績時，務必依照相關法律的規定來運作，才不致招惹不必要的麻煩。

二、要事先檢查測驗分數的可靠性

不可假定受測學生都符合我們的基本假定，例如：都有最大的作答動機、每位學生都誠實作答、相同的教育機會等。因此在解釋分數之前，如果懷疑學生分數的可靠性或真實性，則可先訪談施測者，或者直接詢問受測學生當天的評量情形，以確定該測驗分數是否可靠。

三、避免使用專業術語

教師要以淺顯易懂的用字遣詞來解釋分數，讓學生能夠充分理解成績的意義。若使用標準化測驗，解釋者也要儘量利用測驗剖面圖、常態分配圖來幫助對方理解各個分數的意義。

四、解釋分數只做建議勿做決定

測驗分數雖能推估學生未來表現情形，但在缺少其他資料參考的情形下，教師應避免為學生做決定。例如：不能單獨用學術性向測驗或單一學期的成績，來預測學生未來的教育成就，還要考慮其他因素，像是父母的期望、家庭經濟等。因此教師不應該說：「依據這個測驗分數，您的孩子將來不應該讀高中，而應該讀高職。」

五、要顧及學生的情感反應

當遇到學生評量的分數不符合教師期望時，尤其是高智商低成就的學生，避免出現強烈的批判字眼，要使用諮商技巧來消除對方的淡化、否認的心理防衛，以幫助學生重拾信心及動機。

六、解釋分數應避免只給數字

解釋分數常見的錯誤之一是只給學生測驗分數，應兼顧豐富性與實用性，所呈現學習結果與報告希望是詳細豐富到足以診斷，但卻又希望精簡扼要到易於實用，兩者宜尋求平衡。

七、應以一段可信範圍或多項資料來解釋分數

任何測驗皆有測量誤差之存在，故解釋分數應考慮誤差的大小。在解釋標準化測驗時，最好依據測量標準誤推估真正分數的可信範圍，以此範圍解釋學生的分數。至於學生的一學期的表現，不能僅以少數幾次的評量成績來代表，應以多元評量的方式蒐集多次的資料，才能代表學生的能力或表現。

評量分數的呈現與解釋原則

遵守相關法律規定	• 評量受到學生及家長的高度重視，教師在成績的處理，務必依照相關法律的規定
要事先檢查測驗分數的可靠性	• 如果懷疑學生分數的可靠性或真實性，則可先訪談施測者，或者直接詢問受測學生當天的評量情形
避免使用專業術語	• 教師要以淺顯易懂的用字遣詞來解釋分數，讓學生能夠充分理解成績的意義
解釋分數只做建議勿做決定	• 不能單獨用一項測驗或單一學期的成績，來預測學生未來的教育成就，還要考慮其他因素
要顧及學生的情感反應	• 當學生評量分數不佳時，避免出現強烈的批判字眼
解釋分數應避免只給數字	• 解釋分數不能只給學生測驗分數，應兼顧豐富性與實用性，即要適度解釋
應以一段可信範圍或多項資料來解釋分數	• 學生的一學期的表現，應以多元評量的方式蒐集多次資料

依測量標準誤推估真正分數

$SEM = S \times \sqrt{1-r}$	SEM=測量標準誤，S=變異數，r=信度係數	真正分數68%的信賴區間為 -1SEM~+1SEM	真正分數96%的信賴區間為 -2SEM~+2SEM

Unit 11-2
中小學的評量法規

　　十二年國民基本教育新課綱自108學年度開始實施，為因應課程改革，教育部積極倡導素養導向教學、評量。有關學校評量的法律規範也作了修訂，如此方能與教育政策的走向相結合。雖然評量的法規是以行政命令的形式規範學校的評量活動，但對於教師的教學仍然具有約束力，教學的專業自主權不能逾越，身為教師務必了解及遵守法律規範。

　　我國高級中等以下學校教育，主要是依據《高級中等教育法》、《國民教育法》及《特殊教育法》辦理，對於學習評量的方式均制定相關的法規，例如：《高級中等學校學生學習評量辦法》（2021）、《國民小學及國民中學學生成績評量準則》（2019），以及《高級中等以下學校特殊教育課程教材教法及評量實施辦法》（2023），規範學生成績評量原則及畢業的標準。此外，《個人資料保護法》及《學生輔導法》，也對學生資料的蒐集、管理有所規範。

　　《高級中等學校學生學習評量辦法》（2021）第30條授權高級中學可自行訂定學生學習評量補充規定，但應經校務會議通過後實施。六都及各縣市政府亦可針對國民中小學制訂全縣市一致的評量補充規定，例如：高雄市制訂《高雄市國民小學學生成績評量補充規定》、《高雄市國民中學學生成績評量補充規定》及《高雄市公私立國民中學成績評量結果未達丙等之預警、輔導、補考措施實施原則》等有關評量辦法的相關規定。

　　高中以下的學業成績評量，均規定採用多元評量方式，並參照學生身心發展及個別差異，及兼顧科目認知、技能及情意之教學目標。依據《國民小學及國民中學學生成績評量準則》（2019）所列舉的多元評量方式包括：1.紙筆測驗及表單，例如：採用學習單、習作作業、紙筆測驗、問卷、檢核表、評定量表或其他方式。2.實作評量，例如：採用書面報告、口頭報告、聽力與口語溝通、實際操作、作品製作、展演、鑑賞、行為觀察或其他方式。3.檔案評量，例如：指導學生本於目的導向系統性彙整之表單、測驗、表現評量與其他資料及相關紀錄，製成檔案，展現其學習歷程及成果。《高級中等學校學生學習評量辦法》（2021）除上述三項之外，亦加入得採自我評量及同儕互評。

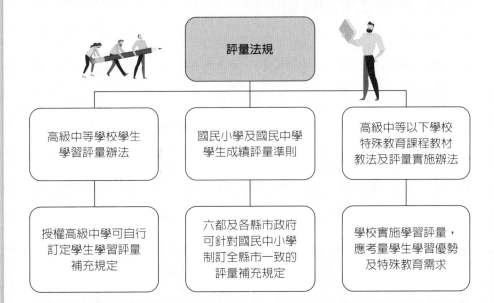

評量的相關法規

評量法規

- 高級中等學校學生學習評量辦法
  - 授權高級中學可自行訂定學生學習評量補充規定
- 國民小學及國民中學學生成績評量準則
  - 六都及各縣市政府可針對國民中小學制訂全縣市一致的評量補充規定
- 高級中等以下學校特殊教育課程教材教法及評量實施辦法
  - 學校實施學習評量,應考量學生學習優勢及特殊教育需求

評量法規的多元評量方式

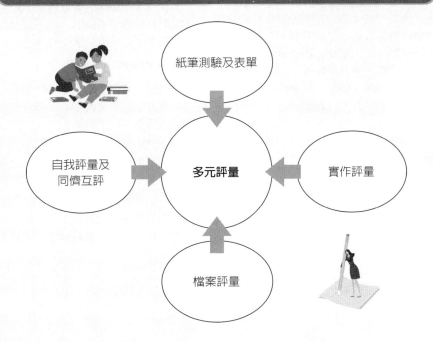

- 紙筆測驗及表單
- 自我評量及同儕互評
- 多元評量
- 實作評量
- 檔案評量

Unit 11-3
評量法規的重要內容

214

茲以《國民小學及國民中學學生成績評量準則》（2019）為例，說明評量法規的重要內容如下：

一、評量的內容

法規的第 3 條規定：成績評量包含領域學習課程、彈性學習課程及日常生活表現。領域學習課程及彈性學習課程由授課教師評量，且應於每學期初，向學生及家長說明評量計畫。而日常生活表現包括學生出缺席情形、獎懲紀錄、團體活動表現、品德言行表現、公共服務及校內外特殊表現等，由導師評量，此部分僅作記錄，不作綜合性評價及等第轉換。

二、評量的時機

評量時機分為平時評量及定期評量，法規的第 6 條規定平時評量的紙筆測驗次數能以最小化為原則。定期評量即是「段考」，規定每學期至多三次。第 14 條規定國中教育會考的評量科目為國文、英語、數學、社會與自然五科及寫作測驗；其評量結果，除寫作測驗分為一級分至六級分外，其餘五科分為精熟、基礎及待加強三等級。學校可以辦理會考的模擬考，但辦理次數全學期不得超過二次。

三、評量結果的處理

學生評量結果的處理是指學期成績的結算與學習過程中的輔導。學生在學習過程中，各學習領域的成績若未達及格基準，學校應實施補救教學及相關補救措施；至於學生日常生活表現不佳者，學校應依教師輔導及管教學生相關規定施以輔導，並與其法定代理人聯繫，且提供學生改過銷過及功過相抵之機會。

四、評量結果的呈現

評量結果的呈現方式在第 9 條中規定平時及定期成績評量結果，應依評量方法之性質以等第、數量或質性文字描述記錄之。至學期末，應綜合全學期各種評量結果紀錄，參酌學生人格特質、特殊才能、學習情形與態度等，評量及描述學生學習表現，並得視需要提出未來學習之具體建議。成績評量紀錄及具體建議，每學期至少應以書面通知家長及學生一次。學生在各領域／學科的全學期評量結果，應以優、甲、乙、丙、丁之等第呈現，以丙等為表現及格之基準。第10條說明學生的評量成績，只能公告說明分數之分布情形，但不得公開呈現個別學生在班級及學校的排名。

五、畢業的標準

第12條規範國民中小學生修業期滿符合標準者領取畢業證書，未符合者領取結業證明書。其標準如下：

（一）出席率及獎懲

學習期間扣除公、喪、病假，上課總出席率至少達三分之二以上，且經獎懲抵銷後，未滿三大過。

（二）領域學習課程成績

國中小學生需四大領域以上之總平均成績達丙等以上。

評量法規的重要內容

評量的內容
成績評量包含領域學習課程、彈性學習課程及日常生活表現

評量的時機
評量時機分為平時及定期評量，平時評量的紙筆測驗次數以最小化為原則；定期評量每學期至多三次

評量結果的處理
學習領域成績若未達及格基準，應實施補救教學；日常生活表現不佳者，應施以輔導，及提供學生改過銷過機會

評量結果的呈現
各領域的全學期評量結果，以優、甲、乙、丙、丁之等第呈現，以丙等為表現及格基準；全學期應以文字描述學生學習表現

畢業的標準
國民中小學生修業期滿符合標準者領取畢業證書，未符合者領取結業證明書

國中小畢業的標準

出席率及獎懲
- 學習期間扣除公、喪、病假，上課總出席率至少達三分之二以上
- 且經獎懲抵銷後，未滿三大過

領域學習課程成績
- 國小生七領域需四領域以上之總平均成績達丙等以上
- 國中生需八領域有四領域以上之總平均成績達丙等以上

Unit 11-4
評量結果的管理

《高級中等學校學生學習評量辦法》（2021）的第 29 條及《國民小學及國民中學學生成績評量準則》（2019）的第 13 條，均對評量結果的管理作了以下的規範：學生之成績評量結果，應妥為保存及管理，並維護個人隱私與權益；其評量結果及紀錄處理，應依《個人資料保護法》相關規定辦理。此外，《學生輔導法》亦對學生資料之蒐集、處理及利用有所規定，以避免學生的人格權受到侵害，並促進個人資料之合理利用。教師應知悉蒐集、處理及利用學生資料的法律規定，才不至於觸法而受處分。其中比較重要的規定如下（周新富，2019）：

一、保存與銷毀

學生輔導資料含上述德行評量及日常生活表現紀錄，學校得以書面或電子儲存媒體資料保存之，並應自學生畢業或離校後保存十年。已逾保存年限之學生輔導資料，學校應定期銷毀，並以每年一次為原則。

二、保密與通報

《學生輔導法》第17條規定學生輔導工作相關人員，例如：導師、訓輔人員，對於因業務而知悉或持有他人之秘密，負保密義務，不得洩漏。但法律另有規定或為避免緊急危難之處置，不在此限。所謂「法律另有規定」即《性侵害犯罪防治法》、《兒童及少年福利與權益保障法》、《身心障礙者權益保障法》及其他相關法律規定之通報義務。教師在撰寫學生輔導資料與紀錄（日常生活表現）時，不宜透露過多的個人隱私資訊，例如：住所、姓名等。

三、修正或刪除

《個人資料保護法》第11條明定公務機關或非公務機關應維護個人資料之正確，並應主動或依當事人之請求更正或補充之。針對上述法律規定，教育部函釋有關學生輔導資料（含輔導紀錄）提供家長調閱、複印、修正或刪除等相關問題：若當事人（學生）不具完全行為能力，學生家長代為意思表示，自得代為行使當事人權力申請閱覽卷宗或請求更正學生輔導資料；學生（當事人）已具完全行為能力，學生家長倘認有主張或維護法律上利益之必要時，依《行政程序法》第46條規定，亦得以利害關係人身分申請閱覽卷宗，但應無請求更正或補充他人資料之權利，因學生已畢業或其他原因離校，以往在校所記錄之學生輔導資料已經確定。上述法規說明家長有權調閱學生的輔導資料，如果導師在繕寫時用了太多的情緒性或負面性的語詞，家長可以申請修正或刪除。

評量結果管理依據的法規

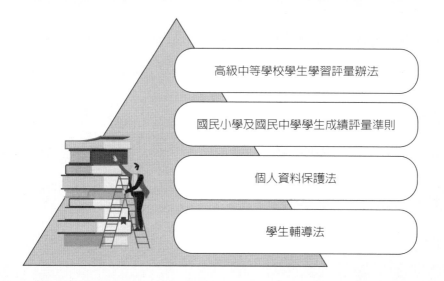

高級中等學校學生學習評量辦法

國民小學及國民中學學生成績評量準則

個人資料保護法

學生輔導法

評量結果管理的重要規定

保存與銷毀	• 德行評量及日常生活表現紀錄，應自學生畢業或離校後保存十年 • 已逾保存年限之學生輔導資料，學校應定期銷毀
保密與通報	• 導師、訓輔人員，對於因業務而知悉或持有他人之秘密，負保密義務，不得洩漏 • 教師在撰寫學生輔導資料與紀錄（日常生活表現）時，不宜透露過多的個人隱私資訊
修正或刪除	• 《個人資料保護法》規定公務機關或非公務機關應維護個人資料之正確，並應主動或依當事人之請求更正或補充之 • 家長有權調閱學生的輔導資料，如果導師在繕寫時用了情緒性或負面性的語詞，家長可以申請修正或刪除

第 **12** 章

評量結果的報告

　　　　　　　　　　　章節體系架構 ▼

Unit 12-1
成績評定與報告

學生成績評定（grading）與報告（reporting）是教師定期給予學生回饋的必要任務，因學生學習告一段落，教師應評定其學習結果，並呈現評量結果及提出報告（李坤崇，2019）。

一、成績評定與報告的意義

成績評定係指在一段時間內，教師蒐集學生成就和表現的資訊和證據（evidences）並加以評鑑。教師根據某種特定的基準或標準進行判斷，將各樣關於學生表現的描述性資訊和測量結果轉成分數、等第、文字或其他符號，作成轉化判斷結果的書面資料，稱之學習評量通知單或成績通知單（李坤崇，2019）。雖然學生得到的成績常常是一個符號，但是成績評定卻是相當複雜的過程，從評量目標決定、方法選擇、工具設計、評量資訊蒐集、評分，到綜合多種評量結果計算最後成績，每個環節都需要進行判斷，最後的成績評定是主觀判斷的結果（盧雪梅，2006）。

二、成績評定與報告的功能

成績評定和報告的最主要目的在「溝通」學生的學習，對學生及家長提供有意義和有用的資訊，以利採取後續行動，提升學生學習（盧雪梅，2005）。成績評定與報告具有以下的功能（王振世等譯，2009；謝廣全、謝佳懿，2019；盧雪梅，2005；McMillan, 2011）：

（一）教學用途

評定等第與報告系統的目的應該是改善學生的學習和發展，當成績報告如果能夠發揮以下功能，即可達成這項目的：1.澄清教學目標；2.指出學生在學習上的優缺點；3.提供學生個人社會發展的相關訊息。這些功能的達成必須仰賴一份詳細而豐富的報告，而非單一的字母或等第。

（二）個人的回饋與激勵

成績報告重要功能之一是提供學生學習資訊，因為這代表教師對學生整學期或數個階段學習表現的總評，呈現的資訊內容，包括學生在知識、技能、情意的學習成果，與其他學生或個人先前學習成果的比較，以及教師對學生的滿意程度。若能適度給予學生鼓勵與增強，將可提高學生學習動機，減弱其學習挫折。

（三）向家長或監護人報告

向家長或監護人報告其子弟在校學習表現，可以達成以下的功能：1.家長會提高與學校合作的意願；2.提供子女表現成功、失敗等訊息，讓家長鼓勵及支持子女；3.了解子女優缺點，幫助子女規劃教育與職業生涯。

（四）行政與輔導用途

在行政上可以作為升級、畢業、獎學金、獎勵、升學、就業等之參考依據。在輔導上則根據學生的成就和發展，幫助學生作更切實際的教育和職業進路計畫。

成績評定與報告的意義

指在一段時間內，教師蒐集學生成就和表現的資訊和證據並加以評鑑

教師將關於學生表現的描述性資訊和測量結果轉成分數、等第、文字或其他符號，作成轉化評斷結果的書面資料，稱之成績通知單

成績評定和報告的最主要目的在「溝通」學生的學習，對學生及家長提供有意義和有用的資訊

成績評定與報告的功能

教學用途	• 澄清教學目標 • 指出學生在學習上的優缺點 • 提供學生個人社會發展的相關訊息
個人的回饋與激勵	• 成績報告是教師對學生整學期或數個階段學習表現的總評 • 若能適度給予學生鼓勵與增強，將可提高學生學習動機
向家長或監護人報告	• 家長會提高與學校合作的意願 • 提供子女表現成功、失敗等訊息 • 了解子女優缺點，幫助子女規劃教育與職業生涯
行政與輔導用途	• 在行政上可作為升級、畢業、獎學金等之參考 • 在輔導上則幫助學生作更切實際的教育和職業進路計畫

Unit 12-2
學期成績的內涵及計算

222

通常成績通知單只提供簡要的格式，呈現評量的分數或等第，但無法呈現學生的優勢與劣勢，因此家長要求通知單上要寫得更加詳細，在美國因而造成教師和校方的衝突（Marzano, 2006）。沒有一種呈現學習結果的方式，可令所有家長滿意，學校應由家長、教師共同設計出適合特殊需求的做法（Linn & Miller, 2005）。

一、成績的內涵

教師常使用綜合評分（hodgepodge grading）來評定學生的學期成績，例如：成就、努力、進步、態度、作業或學習表現組合成學科的成績（Marzano, 2006）。在這種情況下，成績的內涵過於複雜，相同的分數或等第反映出來的意義可能不同。有些教師因學生的態度或行為欠佳而降低他的成績，有些教師因學生特別努力給予加分，有些教師以成績作為控制學生的行為、處罰常規或出勤欠佳學生的工具，以致成績無法反映學生的真實學習（盧雪梅，2005）。例如：一位學生的學期成績是75分，雖然他對課程內容的學習成效不佳，定期評量分數在60分上下，但是作業準時交，上課都有參與討論且沒有違規行為，因此教師在計算成績時額外給他加分（Marzano, 2000）。

美國一項研究探討社會技巧或努力要算在學期成績裡面嗎？國小教師比起中學教師更可能將社會技巧算在成績中，因為小學教師認為合作技巧對學生而言相當重要，與人合作及管理自己的行為對將來的成功有很大的幫助。中學教師則會認為學科的學期成績應該依據認知上的表現，社會技巧如果要評分，則應該單獨在成績通知單上呈現，由此可見，部分教師是贊成使用分析式評分規準（analytical scoring rubrics）來呈現學生的成績（Popham, 2005）。由於一種符號無法同時傳遞多種資訊，若以單一分數或等第報告學生學習，因其成分複雜，溝通的資訊意義性和有用性受到限制（盧雪梅，2005）。

二、成績的計算

學生在一個階段會完成多種不同的作業，如作業、平時考、實作評量等，教師必須在一開學就要告知學生這些評量要如何加權？美國一位國小六年級教師對成績的計算方式如下：小考35%、作業15%、實作評量30%、上課參與20%。評量計畫還需要與學生及家長溝通之後才能實施，使學生了解要朝哪個方向來獲得高分，假如作業只占5%，或許學生會認為不值得為這5%一週寫兩次作業。

我國國中小的學期成績計算方式，則是由縣市政府教育局制定評量補充規定，全縣市採用相同的計算方式。通常各領域學習課程學期評量成績的計算如下：定期評量與平時評量分別占學期總成績之40%、60%，占60%的平時評量，一般再細分為學習態度15%、習作15%、小考成績15%、學習單或回家作業15%。

學期成績的內涵

學期成績 ──

綜合評分 ── 成就、努力、進步、態度、作業或學習表現組合成學科的成績

分析式評分 ── 將認知上的表現、情意表現如社會技巧等，分別呈現在成績通知單上

分析式學期成績的示例

文字描述：文詞平順，但較缺乏創造

文字描述：能用心傾聽，理解力極強

4.寫作：85分 | 1.聽力：96分

3.閱讀：95分 | 2.說話：75分

文字描述：喜歡閱讀，快速而且正確

文字描述：較害羞，不擅於口頭表達

學期成績的計算

評量計畫 ──

定期評量：占學期總成績之40%

平時評量：占學期總成績之60% ── 學習態度15％、習作15%、小考成績15%、學習單或回家作業15%

Unit 12-3
學期成績的報告方式

學生學習結果若能採多元化呈現，提供更豐富訊息，將更能夠使學生明瞭自己的學習表現，以下為呈現一學期學習結果的方式 （王文中等，2011；李坤崇，2019；詹志禹，1996；盧雪梅，2005；Linn & Miller, 2005）：

一、百分制

我國高中生的成績即採用百分制，一般生以60分為及格，代表學生可以取得學分，低於60分則屬不及格。這種評定方法相當簡便，但其缺失則是成績常常缺乏明確、穩定和一致的參照點，例如：試題或評量作業難易度不同時、教師間評分標準寬鬆不一致時，相同分數反映出來的意義未必相同。

二、等第

國中小的學期成績是將分數轉換成等第，其轉換方式如下：優等90分以上、甲等80分以上未滿90分、乙等70分以上未滿80分、丙等60分以上未滿70分、丁等未滿60分。等第制具備簡潔扼要、可直接加總計算、可預測學生成就等三項優點。但缺點與百分制相同，況且各等第間切截分數的決定相當主觀、武斷。此外，尚有一顯而易見的問題：80分和89分同列甲等，但80分和79分就分列甲等和乙等，只差1分就把學生分在不同的等第。

三、固定百分比

根據常態分配曲線特徵，採用固定百分比方式轉換成績。其做法是事先將各等第分配的名額百分比設定好，根據分數排序分派等第。例如：若將A、

B、C、D和F各等第分配的人數百分比定為10%、20%、40%、20%、10%，分數排序在前10%的學生得到A等，其次的20%得到B等，以此類推。國中過去也曾經採用過類似的比例分配方式，其缺點為只考慮到學生與其他人比較的結果，容易造成學生間的競爭氣氛，因而妨礙學生的學習動機。

四、文字描述

現行學習成績報告以量化記錄的數字或等第為主，而以質性的文字描述為輔。文字描述是相當具有彈性且個人化的評定方法，若敘寫得宜，可提供相當重要和有價值的資訊。不過，文字描述的缺點是花費的時間較多，若是教師敘寫沒有切中要點，亦不具價值。

五、檢核表、評定量表、標準本位評定

以檢核表等形式報告學習成果的最大好處是提供學生優缺點的詳細分析，所以可採取建設性行動以協助學生改善學習。同時也經常提醒學生、家長和其他人，告知他們學校的重要目標。此種成績報告表主要的困難在於如何維持適當的敘述項目，並以簡潔扼要的詞語陳述，讓家長、學生易於了解，教師也容易勾選符合學生表現的項目，其格式如右頁下表格。

評量法規的重要內容

百分制	• 高中生的成績即採用百分制 • 缺失是成績缺乏明確、穩定和一致的參照點
等第	• 國中小的學期成績是將分數轉換成等第 • 各等第間切截分數的決定相當主觀、武斷
固定百分比	• 採用固定百分比方式轉換成績 • 缺點為只考慮到與他人比較的結果，易造成學生間的競爭
文字描述	• 相當具有彈性且個人化的評定方法，可提供相當重要和有價值資訊 • 文字描述的缺點是花費的時間較多
檢核表、評定量表、標準本位評定	• 提供學生優缺點的詳細分析，採取建設性行動協助學生改善學習 • 困難在於如何維持適當的敘述項目，並以簡潔扼要的詞語陳述

美國加州某學區一年級成績單之寫作成就報告

寫作成就	沒有明顯進步	朝著標準進步	符合標準
寫作策略			
書寫出清楚的句子和簡單的段落			
選擇寫作主題並能運用描述性文字			
書寫字跡清晰並能運用行距區隔			
寫作應用			
以簡短的故事描述某次經驗			
運用感官的細節於資訊性寫作中			
展現標準美式英語的知識			

資料來源：盧雪梅（2005，頁185）。

Unit 12-4
學生成績通知單的缺失

圖解學習評量

226

學習評量通知單係重要而專業的溝通媒介，教師在填寫成績通知單應注意引導學生、家長之努力目標與方向，不宜僅消極告知學習成果，應發揮更積極的引導成長功能，避免一味苛責或全盤否定其能力或努力。然而成績通知單在實施時，因具有下列缺失，使得其功能難以充分發揮（李坤崇，2019；盧雪梅，2006；Marzano, 2006）：

一、學校制式表單難以激發教師創意

教師所使用的學習評量通知單通常沿用學校制式表單，雖然對表單不滿意或不接受，但爲避免更改制式表單引起不必要的困擾，加以學校不積極引導改善，使得教師趨向消極守成，難以激發教師創意。

二、教育行政機關、學校未積極改善通知單

教育行政機關、學校行政部門近年雖力行教育改革，但對改善學習評量之努力似較消極，改進國中、國小之學期成績通知單並未受重視。教師面對教育行政機關、學校行政部門的消極與漠視，乃採多一事不如少一事之態度。

三、未能呈現詳細學習資訊

對於國民教育階段學生的成績報告，評量學者建議避免以單一分數或等第方式報告，這只籠統知道學科優劣，卻未能深入了解學科重要項目的優劣，致使家長難以針對子女學科施以適切的補救策略，而應該以較能呈現詳細學習資訊的方式報告之。目前雖然增加了文字描述的部分，但仍過於籠統、制式，未能提供較具體明確的資訊。改革的做法是採用檢核表、評定量表或標準本位的評定，詳細列出學生在各學科學習主題上的得分，而不是給一個綜合的分數。

四、重視能力，忽略努力

澳洲小學成績報告書強調將能力、努力分開，能力分「成就」與「勝任能力」兩項，成就分爲很高、高、還不錯、接近不錯、有困難等五個等級，勝任能力分爲高度勝任、能勝任、正在發展中、有困難等四個等級；努力分成令人讚賞、令人滿意、不一致等三個等級。而國內制式通知單仍以能力爲主要考量的做法，或許可稍加修正。

五、文字描述的執行有困難

《國民小學及國民中學學生成績評量準則》第 9 條規定在領域學習課程的成績評量結果要加上質性文字描述，立意雖好但執行上確有困難。文字描述這部分功能應該由導師評語和建議來承擔，任課教師任教的班級數多，對學生的了解也不夠深入，無法勝任這項工作，於是形成敷衍了事或虛應故事。若改成檢核表方式，陳列具體目標、重要能力或學習內容，以勾選方式分項評定並報告學生的表現，教師評語欄則由導師書寫建議或評定結果的說明與補充，如此較能落實規定。

學生成績通知單的缺失

學校制式表單難以激發教師創意	● 沿用學校制式表單，雖對表單不滿意，但避免引起不必要的困擾 ● 教師趨向消極守成，難以激發教師創意
教育行政機關、學校未積極改善通知單	● 教育行政機關、學校行政部門對改善學習評量之努力似較消極 ● 改進國中、國小之學期成績通知單並未受重視
未能呈現詳細學習資訊	● 分數或等第只籠統知道學科優劣，未能深入了解學科重要項目的優劣 ● 文字描述的部分仍過於籠統、制式，未能提供較具體明確的資訊
重視能力，忽略努力	● 澳洲小學成績報告書強調將能力、努力分開 ● 國內制式通知單仍以能力為主要考量的做法有待修正
文字描述的執行有困難	● 文字描述應由導師評語和建議來承擔，任課教師無法勝任這項工作 ● 宜改成檢核表方式，陳列具體目標、重要能力，以勾選方式評定學生的表現

努力與能力分開評量的報告示例

學習領域	每週節數	努力程度 甲：值得讚賞 乙：表現尚佳 丙：需再加油	學業等第	學習描述		
				能力指標	3：達到 2：部分達到 1：需再努力	文字補充說明
語文領域	本國語言（國語文）			注音符號應用能力		
				聆聽能力		
				說話能力		
				識字及寫字能力		
				閱讀能力		
				寫作能力		

資料來源：盧雪梅（2005，頁195）。

第 13 章

評量的展望

●●●●●●●●●●●●●●●●●●●●●● 章節體系架構 ▼

Unit 13-1
促進評量的公平性與適性化

評量適性化是教學評量的基本原則之一，但適性化常在公平的前提下被徹底犧牲。國內長久以來將公平性置於優先地位，但是過度地突顯，有時候會淹沒掉評量應該是幫助教師了解學生的學習狀況，和透過評量輔導學生學習的真正目的（江文慈，2004）。

一、評量的公平性

對任何評量計畫而言，公平性問題是非常重要的議題，社會大眾對公平性相當關注。測驗及評量專家用「沒有偏見」（absence of bias）來解釋公平性，公平性也可能是指在評量的過程中，來自不同團體的人是否受到相同的對待。這種概念有時被稱為「程序公平」（procedural fairness），與其相關的問題如：應考者是否有相同的機會把他們所知道的和所學會的表現出來？或則是申論題評分時，評分者是否不受應試者所屬團體的影響而公正給分？公平性的第三種意義是，所有學生都有相同且充分的機會可以學習到測驗所要測量的材料內容，這是屬於教育機會均等的問題。第四種涵義則是結果相等性（equality of results），從這個角度來看，如果不同群體，例如：非裔美國人、拉丁裔美國人及美國白人，他們的平均表現是相同的，那測驗就是公平的。第四種概念與測驗的其他信條就無法並存，因為不同群體學生所接受的教導不同，不可能期望一個有效的測驗能不把他們的差異顯示出來（王振世等譯，2009）。當教師在進行評量時，沒有偏見和程序公平是最根本的要素，這些特徵能避免因測量錯誤所導致的不公平。

二、以適性評量落實公平性

早期所推動的電腦化適性測驗，要求評量的試題難易能與考生的能力水平相適配（周文欽等，2006）。但教室內的評量無法做到電腦化施測，因此只能適合於補救教學，近年來的差異化教學又使適性評量重新獲得重視，然而教師常常在教學現場中面臨差異化教學與評量系統之間的衝突（龔心怡，2016）。

教師要了解不是採用一致性的評量方式就是公平，因為低成就的學生上課聽不懂，考試得低分，久之喪失了學習的興趣。適性評量可以利用多元評量給予學生學習上的回饋，讓學生感受到上課有學到知識，考試成績有進步，因而能提升學習動機。差異化教學與多元評量模式的目標是一致的，因為兩者皆可以增加學生較為廣泛的成功機會，藉由多元的教學與評量，也能更加確保公平性。教室裡的評量的目的，不在篩選學生，而是用來了解學生學習，因此需要適性化和多元化，如果處處講求公平一致的狀況，即無法針對個別差異進行適性化的教學與評量（江文慈，2004）。

評量公平性的四種意義

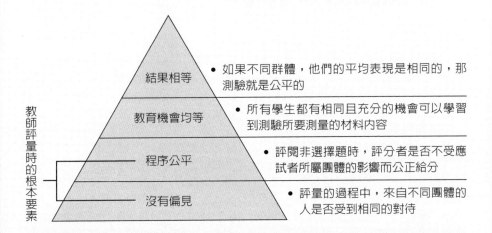

教師評量時的根本要素

結果相等
- 如果不同群體，他們的平均表現是相同的，那測驗就是公平的

教育機會均等
- 所有學生都有相同且充分的機會可以學習到測驗所要測量的材料內容

程序公平
- 評閱非選擇題時，評分者是否不受應試者所屬團體的影響而公正給分

沒有偏見
- 評量的過程中，來自不同團體的人是否受到相同的對待

以適性評量落實公平性

傳統教學
- 教學與評量方式講求公平一致
- 無法針對個別差異進行適性化的教學與評量

差異化教學
- 使適性評量重新獲得重視
- 差異化教學與多元評量模式的目標是一致的，在增加學生的成功機會

適性評量
- 利用多元評量給予學生學習上的回饋
- 藉由多元的教學與評量，也能更加確保公平性

Unit **13-2**
改善教室內評量的途徑

要改善教室內評量，除了多元評量之外，去除教師的偏見，亦是重要的途徑之一。因為在評量的歷程中存在不少的誤差，可能是評量工具的誤差，也可能是施測者的誤差，即教師在評分時因為主觀的好惡所產生的誤差，例如：月暈效應、趨中傾向、過寬或過嚴傾向等。月暈效應指的是當評分者在評分時，只根據受評者的某部分表現（好的或壞的）類推作為全面評分的依據（洪素蘋，2017），也是教師偏見的一種形式。

最常發生的偏見是教師由於個人的性別、年齡、種族、國家、宗教、性取向、障礙、語言、社經地位等因素，使得在施測、解釋或評分時，會嚴重影響其判斷與決定。比較明顯的是對來自於不同社會階級、語言、族群、性別的學生，教師會存在著比較高的偏見，有時這種偏見是無意識的。國外的研究發現，在美國男孩比女孩、非裔美國人比白種人更常因不良適應行為問題而被轉介；研究也發現，假設施測者為非裔美國人，那麼非裔美國學生的得分就會比較高。這樣的偏見產生一種情況：在相同條件下的施測，符合某些特質的學生經常會產生不同的分數，例如：西班牙裔學生的分數比白人低、男性的分數比女性低、鄉下學生的分數比城市低。有兩項理由可以解釋這種偏見的現象：1.平均差偏見（mean-difference bias），因為某些族群在某類型測驗中，分數的確不高，那些測驗已被認定為對於某些族群具有偏見。2.題目偏見（item bias）是指測驗中的特定題目，超出學生的生活經驗。測驗的偏見議題引發了評量的重要問題，在運用測驗分數時要能小心地檢視並注意它的限制，學校教師應該要有高的文化覺察能力（劉明松譯，2008）。

當今教育的潮流強調多元文化教育，並藉此幫助不同族群、性別、社會階級等社會文化背景之學生學習，例如：台灣的原住民族，其文化不同於主流社會，學生在學習方面可能會受到主流社會文化的限制，因此評量方式如果大部分採用紙筆測驗，對原住民學生而言是相當不利的，發展適合原住民學生的文化回應評量是有其必要性與重要性。有必要依照原住民學生的學習特性，制定以實際操作的評量方式是比較恰當的做法。在多元文化課程中，應輔以適切的文化回應評量，如此不僅可回應原住民學生自身的文化背景及學習特性，終能協助教師進行有效的教學，以促進學生的學習成效（謝百淇、張美珍、李馨慈，2018）。

改善教室內評量的途徑

```
                    改善教室內評量的途徑

          ┌─────────────┼─────────────┐
     多元評量      去除教師的偏見      文化回應評量
```

施測者的誤差

| 月暈效應 | 趨中傾向 | 過寬或過嚴傾向 |

去除教師的偏見

對來自於不同社會階級、語言、族群、性別的學生，教師會存在著比較高的偏見	• 使得在施測、解釋或評分時，會嚴重影響其判斷與決定 • 有時這種偏見是無意識的
有兩項理由可以解釋這種偏見的現象	• 平均差偏見：某些族群在某類型測驗中，分數的確不高 • 題目偏見：是指測驗中的特定題目，超出學生的生活經驗
原住民族學生在學習方面可能會受到主流社會文化的限制	• 發展適合原住民學生的文化回應評量是有其必要性與重要性 • 依照原住民學生的學習特性，制定以實際操作的評量方式是比較恰當的做法

Unit 13-3
改變升學至上的考試文化

圖解學習評量

234

在升學至上的考試文化大環境之下，雖然有評量準則要引導學校朝素養導向的多元評量發展，但這樣的改革恐流於表面，想要達成目標仍有一段路要走。分數掛帥的迷失，是台灣評量文化難以擺脫的夢魘。升學主義的籠罩，使得考試扭曲了學生的學習動機，致使許多學生讀書的目的在於求得高分，為了文憑或「錢途」，或者用以取悅教師和家長，卻忽略了學習的原本意義和目的（江文慈，2004）。

一、教師要建立正確的評量觀念

在台灣的教育現場，學生及教師都重視分數，每當定期考試時間一到，教師努力地去幫學生複習功課，因為它不僅牽涉到學生的學習，還有教師教學成效的檢核、同一學年班級的評比等。考試宰制了教師的教學，教師的教學常因為考試與進度，遭到嚴重壓縮，使得教師的專業難以施展。美國約從1970 年代末期，要求學生必須通過測驗才能領到高中畢業證書或升級的最低能力測驗計畫，導致有些教師「教考試所要考的」（teaching to the test）及「只教測驗題目」（teaching to the test itself），教學若只限定在測驗可以涵蓋的目標之內，對整個教育而言將是很大的傷害（王振世等譯，2009）。過度倚賴測驗結果已嚴重扭曲了教育本質，教師要建立正確的評量觀念，評量不等於考試，評量的主要功能在診斷學習困難、提供回饋訊息以及改進教學歷程，至於評判學生的學業成就的高低，則只是一個次要或可有可無的功能，多元社會裡，應該還評量一個本來的面目，讓學生有多

元成功的機會。教師也要了解考試不是只有紙筆測驗，考試的方法可以有很多形式，例如：口試、聽力測驗、實作測驗等（詹志禹，1996）。

二、協助學生改變分數為導向的評量文化

如果我們的評量文化，依舊習慣統一考試和標準答案，用考試分數來說明學生的能力全部，以分數來衡量一個教師的認真程度、評斷教師的教學成效，那麼評量改革要落實，仍然還有一段漫漫長路要走的。一般人很少去質疑這些分數的效度和意義，使得它已逐漸控制了今天的教育。當然這並不是說要全然反對評量，而只是希望大家能夠了解，考試分數只能反映學生才能和知識的一部分。教師應該協助學生改變以分數為導向的評量文化，重塑以學習目標為導向的評量文化。幫助學生體驗學習活動本身是有意義和價值的事，而不是為了求高分來取悅別人（江文慈，2004）。評量改革要落實，評量文化的重塑乃必要之路。

升學至上的考試文化

| 升學主義的籠罩 | | 考試扭曲學生的學習動機 | | 學生讀書的目的在求得高分，為著文憑或錢途 | | 學生忽略了學習的原本意義和目的 |

教師要建立正確的評量觀念

| 考試宰制了教師的教學，導致有些教師「教考試所要考的」及「只教測驗題目」 | • 教師的專業難以施展
• 過度倚賴測驗結果已嚴重扭曲了教育本質 |

235

| 教師要建立正確的評量觀念 | • 評量的主要功能在診斷學習困難
• 提供回饋訊息以及改進教學歷程 |

| 還評量一個本來的面目，讓學生有多元成功的機會 | • 考試不是只有紙筆測驗
• 考試的方法可以有很多形式 |

協助學生改變以分數為導向的評量文化

協助學生改變以分數為導向的評量文化 重塑以學習目標為導向的評量文化 幫助學生體驗學習活動本身是有意義和價值的

參考文獻

一、中文部分

丁毓珊、葉玉珠（2021）。教師面對素養導向評量的挑戰與省思。台灣教育評論月刊，10(3)，21-25。

王文中、呂金燮、吳毓瑩、張郁雯、張淑慧（2011）。教育測驗與評量：教室學習觀點。五南。

王文心（2002）。淺談信度。學術調查研究資料庫通訊，3，46-56。

王文伶、張云綺、蕭輔萱等（2014）。非標準化學習潛能中介模式動態評量對國中資源班學生數學學習成效初探。特殊教育季刊，131，23-32。

王保進（2000）。常態分配。檢索自教育大辭書https://pedia.cloud.edu.tw/Entry/Detail/?title=%E5%B8%B8%E6%85%8B%E5%88%86%E9%85%8D

王振世等譯（2009）。教育測驗與評量。台灣培生教育。（R. L. Linn & M. D. Miller, 2005）

王振圍（2021）。台灣社會計量實務意義之論述分析。台灣心理劇學刊，4，113-167。

王梅軒、黃瑞珍（2005）。國小課程本位閱讀測量方法之信度與效度研究。特殊教育研究學刊，29，73-94。

王淵智（2021）。課室素養導向評量常見的問題與改進芻議。台灣教育評論月刊，10(3)，26-29。

王德蕙、李奕璇、曾芬蘭、宋曜廷（2013）。「國民中學學生基本學力測驗寫作測驗」信度與效度分析研究。測驗學刊，60(1)，151-184。

王慧豐、陸正威（2001）。國小資源班數學科解決問題課程本位評量應用之研究。東台灣特殊教育學報，3，261-291。

古明峰（1998）。加減法應用題語文知識對問題難度之影響暨動態評量在應用問題之學習與遷移歷程上研究。新竹師院學報，11，391-420。

台灣PISA國家研究中心（2023）。PISA 2022 數學評量架構。2023.7.19檢索自 https://pisa.irels.ntnu.edu.tw/relatedWebsite.html

白雲霞（2020）。素養導向學習評量的要素與設計。師友雙月刊，623，31-39。

任宗浩（2018）。素養導向評量的界定與實踐。載於蔡清華編，課程協作與實踐第二輯（頁75-82）。臺北市：教育部中小學師資課程教學與評量協作中心。

朱敬先（1997）。教育心理學。五南。

朱經明（2000）。信度。檢索自教育大辭書，網址：https://pedia.cloud.edu.tw/Entry/Detail/?title=%E4%BF%A1%E5%BA%A6

朱經明、蔡玉瑟（2000）。動態評量在診斷國小五年級數學障礙學生錯誤類型之應用成效。特殊教育研究學刊，18，173-189。

江文慈（2004）。教學評量改革的難題分析：技術、文化、政治與後現代觀點。課程與教學季刊，7 (3)，1-16。

江文慈（2007）。超越測量 —— 評量典範轉移的探索與啟示。教育實踐與研究，20(1)，173-200。

江雪齡（1998）。介紹檔案評量法。中等教育，49(4)，79-84。

余民寧（1992）。二次式分配準則在估計再測信度上的應用。教育心理與研究，15，21-38。

余民寧（2005）。有意義的學習：概念構圖之研究。商鼎。

余民寧（2017）。教育測驗與評量：成就測驗與教學評量（第三版）。心理。

吳正新（2019）。數學素養導向評量試題研發策略。中等教育，70(3)，11-36。

吳正新（2020）。傳統試題與素養導向試題有什麼不同？數學素養導向試題之初探。國家教育研究院電子報，191，2023.7.20檢索自 https://epaper.naer.edu.tw/

吳玉珍、劉佩雲（2014）。課程本位閱讀測量之研究現況與發展趨勢。師資培育與教師專業發展期刊，7(2)，149-174。

吳宜芳、鄒慧英、林娟如（2010）。標準設定效度驗證之探究 —— 以大型數學學習成就評量為例。測驗學刊，57(1)，1-27。

吳明隆（2021）。學習評量精要75講。五南。

吳清山（2018）。素養導向教師教育內涵建構及實踐之研究。教育科學研究期刊，63(4)，261-293。

吳清山、林天祐（1997）。真實評量、實作評量、卷宗評量。教育資料與研究，15，67-69。

吳毓瑩（1995）。開放教室中開放的評量：從學習單與檢核表的省思談卷宗評量。載於國立台北師範學院（主編），開放社會中的教學（93-100頁）。國立台北師範學院。

吳璧純（2017）。素養導向教學之學習評量。台灣教育評論月刊，6(3)，30- 34。

宋曜廷、周業太、曾芬蘭（2014）。十二年國民基本教育的入學考試與評量變革。教育科學研究期刊，59(1)，1-32。

宋曜廷、劉俊廷（2007）。教學卷宗在中小學教師專業評鑑的應用 —— 評析NBPTS經驗。教育研究集刊，53(1)，55-86。

李平譯（2003）。經營多元智慧。遠流。（T. Armstrong原著）

李坤崇（2006）。教學評量。心理。

李坤崇（2010）。檔案評量理念與實施。研習資訊，27(2)，3-16。

李坤崇（2019）。學習評量。心理。

圖解學習評量

李茂興譯（2002）。教育測驗與評量。學富。（K. D. Hopkins, 1998）

李偉俊（2023）。108 課綱素養導向評量的實施成效與問題。台灣教育評論月刊，12(3)，4-10。

李清筠（2019）。寫作題目命製實務。2023年5月6日檢索自國中教育會考網頁 https://cap.rcpet.edu.tw/

李靜如（2005）。實作評量在兩性關係課程上的應用：以技術學院學生為例。教育研究與發展期刊，1(3)，147-177。

沈玉潔、王雅綺、陳淑芬、楊仁菁、張孝筠（2008）。幼兒學習檔案。2023.7.11檢索自 http://192.83.181.182/~myhuang/wp-content/uploads/2012/10

周文欽等（2006）。心理與教育測驗。心理。

周家卉（2008）。實作評量在生活科技課程實施之探討。生活科技教育月刊，41(7)，51-84。

周新富（2016）。教育研究法。五南。

周新富（2009）。學習檔案。五南。

周新富（2019）。輔導原理與實務。五南。

周新富（2023）。教學原理與設計。五南。

林素卿、葉順宜（2014）。檔案評量於英語科之應用。教育科學研究期刊，59(2)，111-139。

林清山（2016）。心理與教育統計學。東華。

林惠玲、陳正倉（2009）。應用統計學（第四版）。雙葉書廊。

林惠玲、陳正倉（2023）。基礎統計學：觀念與應用（第五版）。雙葉書廊。

林璟玲、林儒君（2009）。混齡班級幼兒同儕互動之研究——以社會計量法為例。幼兒保育論壇，4，125-143。

林麗容（1995）。特殊教育評量的重要取向：動態評量。特殊教育季刊，56，1-5。

涂金堂（2009）。教育測驗與評量。三民。

涂金堂（2023）。學習評量：評量理論與素養的實踐。三民。

涂柏原（2020）。Alpha 係數及相關的信度估計方法探討。教育研究學報，54(1)，1-26。

柳玉清（2016）。大學生專題報告Rubrics之發展與成效評估：以人力資源管理相關課程為例。新竹教育大學教育學報，33(1)，77-108。

洪素蘋（2017）。避免評分的偏誤。科學發展，539，12-15。

洪碧霞主編（2021）。PISA 2018台灣學生的表現。心理。

胡龍騰、黃瑋瑩、潘中道（2010）。研究方法步驟化學習指南（第二版）。學富。

徐秀婕（2022）。從學習評量設計省思師生課程負荷。台灣教育評論月刊，11(3)，45-50。

徐怡詩、王國華（2003）。國中自然與生活科技教師是行實作評量之行動研究。科學教育，14，21-35。

徐俊斌、許銘津、林清達、潘文福（2015）。學校本位品德教育實施策略自我檢核表之研究。慈濟大學教育研究學刊，12，59-102。

高級中等以下學校特殊教育課程教材教法及評量實施辦法（2023）。

高郁婷（2022）。不齊頭式的測驗：動態評量。2023.6.28檢索自https://helloet.cet-taiwan.com/?p=2848

高級中等學校學生學習評量辦法（2021）。

高博銓（2007）。教學評量的原則及其革新作法。中等教育，58(1)，44-59。

國民小學及國民中學學生成績評量準則（2019）。wAll.aspx?pcode=H0070019

國立台灣師範大學教學發展中心（2020）。什麼是Rubric？2023.6.10檢索自https://ctld.ntnu.edu.tw/wp-content/uploads/2020/11/Rubrics-QA-1.pdf

國家教育研究院（2019）。素養導向「紙筆測驗」範例試題（定稿版）。取自https://www.naer.edu.tw/files/11-1000-1591-1.php?Lang=zh-tw

張世慧、溫雨涵（2012）。課程本位評量在國小數學領域之應用。國教新知，59(4)，2-14。

張永福（2008）。實作評量的特性及其理論基礎。研習資訊，25(3)，79-85。

張美玉（2000）歷程檔案評量的理念與實施。科學教育月刊，231，58-63。

張郁雯（2015）。邁向教育新願景。國民教育，55(1)，11-19。

張基成、吳炳宏（2012）。網路化檔案評量環境下教學者評量之信度與效度。科學教育學刊，20(5)，393-412。

張基成、陳政川（2010）。網路化檔案評量中學習者反思行為對學習成效之影響。科學教育學刊，18(2)，85-106。

張添洲（2004）。X檔案——教學檔案、學習檔案。五南。

張紹勳（2008）。研究方法理論與統計。滄海書局。

張麗麗（2002）。評量改革的應許之地，虛幻或真實？教育研究月刊，93，76-86。

張麗麗（2004）。影響教師自評實作評量實施品質相關因素之探討。南師學報，3(1)，95-120。

張麗麗、羅素貞（2007）。計分規準與評分程序對數學科實作評量評分者一致性影響之研究成果報告（精簡版）。行政院國家科學委員會專題研究計畫成果報告個別型計畫編號：NSC 94-2413-H-153-003。

教育部（2022）。高級中等學校學生學習歷程檔案作業要點。

莊筱玉、黎瓊麗、林玫妙（2007）。動態評量之 E 化英文試題建構。美和技術學院學報，26(2)，219-238。

莊麗娟（2001）。「多媒體動態評量」低獲益受試者之認知缺陷與協助策略分析。特殊教育研究學刊，21，109-133。

莊麗娟（2003）。動態評量理論與教學應用。載於張新仁等著：學習與教學新趨勢（頁465-506）。心理。

莊麗娟、邱上眞、江新合（1997）。國小六年級浮力概念動態評量的效益分析。中國測驗學會測驗年刊，44(1)，71-94。

許家驊（2017）。國小三年級學生數學解題技巧學習表現協助式評量之實施效益分析研究。教育理論與實踐學刊，36，75-108。

許家驊（2019）。十二年國教課綱核心素養導向學習評量之理念、設計實務與省思。台灣教育評論月刊，8(8)，37-42。

許家驊（2023）。動態評量之特色功能、效益分析與建議。台灣教育評論月刊，12(2)，85-91。

許家驊、邱上眞、張新仁（2003）。多階段動態評量對國小學生數學學習促進與補救效益之分析研究。教育心理學報，35(2)，141-166。

郭生玉（1993）。心理與教育測驗。精華。

郭生玉（1997）。心理與教育研究法。精華。

郭生玉（2002）。如何落實多元評量。教育研究月刊，98，11-17。

郭生玉（2016）。教育測驗與評量。精華。

郭如育（2011）。國中生情意教育的重要性及其課程設計原則。中等教育，62(2)，138-155。

陳昭儀（1996）。動態評量的模式及其特質與限制。載於中華民國特殊教育學會第28屆年刊：特殊學生的學習與轉銜（頁95-113）。嘉義大學。

陳柏熹（2019）。素養導向評量設計知能研習：課室評量編製實務 —— 以數學領域爲例研習講義。新光國小。

陳惠萍（1999）。教學檔案在教師專業發展上之應用。載於中華民國師範教育學會（主編），師資培育與教學科技（183-212頁）。台灣書店。

陳慧蓉、張郁雯、薛承泰（2018）。脈絡因素、學業自我概念、與學習投入對學業表現的影響：台灣國小三年級經濟弱勢與一般學生之比較。當代教育研究季刊，23(1)，73-107。

陳學淵、王國華（2004）。國中教師發展實作評量之探討 —— 以自然與生活科技領域教師爲例。科學教育，14，165-180。

陳靜姿、洪碧霞（2010）。不同數學學習氣質學生情意和成長特徵之探討。教育心理學報，42(1)，77-97。

單文經等譯（2006）。中小學課堂的教學評量。心理。

彭森明（1996）。實作評量理論與實際。教育資料與研究，9，44-48。

彭開瓊、胡榮員（2017）。 OECD國家教育績效研究：以PISA為例 。績效與策略研究， 14(1) ，47-68。

曾大千（2009）。從個人資訊自決權論學 生成績揭示之原則。初等教育學刊，34，53-71。

曾佩芬（2017）。國語文寫作能力測驗的回顧與前瞻。考試學刊，12，1- 47。

曾芬蘭、鍾長宏、陳世玉、張銘秋（2018）。 國中課室素養導向標準本位評量的設計與應用：以英語科閱讀為例。 教育科學研究期刊，63(4)，119-155。

曾素秋（2010）。實作評量融入師資生班級經營課程實施成效探究。朝陽人文社會學刊，8(2)，91-134。

曾素秋（2014）。師資生學習歷程檔案評量之實作與省思：以某科技大學為例。教師教育期刊，3，81-118。

曾素秋（2022）。學習歷程檔案的製作與評量。師友雙月刊，631，13-19。

游光昭、洪國勳（2003）。網路化學習歷程檔案與科技的學習。生活科技教育月刊，36(5)，55-64。

華國棟、莊筱玉、莊苿惠（2017）。英語動態評量運用於實用英文補救教學之行動研究。休閒運動保健學報，13，77-105。

黃文三等（2016）。教育心理學。群英。

黃桂君（1995）。動態評量的模式特質與難題省思。特殊教育，55，1-9。

黃耿鐘（2002）。網路學習檔案評量系統及學習檔案成效指標之研究。台南師範學院教師在職進修資訊碩士學位班論文。

黃國清、吳寶桂（2006）。七年級數學標準化成就測驗之編製與其相關之研究：以IRT模式分析。教育研究與發展期刊，2(4)，109-142。

黃淑津、鄭麗玉（2004）。電腦化動態評量對國小五年級學生閱讀理解效能之研究。國民教育研究學報，1，167-201。

黃瓊蓉譯（2007）。心理與教育統計學。學富。（A. Aron & E. N. Aron, 2003）

葉重新（1989a）。常模參照與標準參照測驗信度的類型及其分析方法（上）。國教輔導，29(1)，43-50。

葉重新（1989b）。常模參照與標準參照測驗信度的類型及其分析方法（下）。國教輔導，29(2)，40-46。

葉重新（2016）。心理與教育測驗。心理。

葉重新（2017）。教育研究法。心理。

董秀蘭（2016）。為培養學生高層次認知與論述能力而評量：開放式建構反應試題的理念與示例。中等教育，67(2)，1-6。

詹志禹（1996）。評量改革為什麼要進行。教育資料與研究，13，45-47。

鄒慧英（1997）。實作評量的研發——以國小說話課為例。測驗與輔導，149，3082-3087。

鄒慧英譯（2003）。測驗與評量：在教學上的應用。洪葉文化。（R. L. Linn & N. E. Gronlund, 2000）

廖鳳瑞（1995）。重歷程的評量在台灣幼稚園的應用：國立台灣師範大學附設幼稚園之例。家政教育，13(2)，50-71。

廖鳳瑞、張靜文（2020）。真實性評量——看見每一個孩子，回應每一個孩子的評量。台灣教育研究期刊，1(4)，65-89。

熊雲偉（2020）。促進學習的評量——素養導向標準本位評量。師友雙月刊，623，49-55。

甄曉蘭（2008）。促進學習的課堂評量：概念分析與實施策略。中等教育，59(1)，92-109。

劉明松譯（2008）。特殊學生之評量。五南。

劉湘川、許天維、郭伯臣（1994）。以因素分析的觀看測驗理論中信度的做計方式。初等教育研究集刊，2，17-30。

歐滄和（1999）。談學習歷程檔案法（portfolio）的點點滴滴。現代教育論壇，4，40-43。

歐滄和（2007）。教育測驗與評量。心理。

潘裕豐、吳清麟（2018）。數理資優鑑定實作評量之試題研發暨效度評估。測驗學刊，65(3)，241-256。

蔡佳禎（2022）。跨領域導向之素養紙筆命題——以大學入學考試學科能力測驗試題分析為例。台灣教育評論月刊，11(4)，139-148。

蔡清華、張麗麗（1997）。「教學檔案」在國小實習教師專業成長與評鑑上的應用。行政院國家科學委員會專題研究計畫成果報告。

蔡進雄（2009）。情意如何評量？以大學教學為例。評鑑月刊，19，24-25。

鄭雅丰、陳新轉（2011）。能力概念及其教育意義之探討。教育研究與發展期刊，7(2)，27-56。

鄭圓鈴（2005）。Bloom 2001年版在國語文標準化成就測驗質化分析上的應用。文社會學報，3(1)，91-122。

鄭圓鈴（2013）。國中國語文有效閱讀教學的課堂實踐：建構式學習單的製作與使用。中等教育，64(3)，92-109。

魯俊賢、吳毓瑩（2004）。過程技能之二階段實作評量：規劃、實踐與效益探究。科學教育學刊，15(2)，215-239。

盧雪梅（1995）。實作評量的應許、難題和挑戰。教育論壇——實作評量與案卷評量，頁3-9，國立教育資料館。

盧雪梅（2005）。九年一貫課程成績通知單模式探究：現況與展望。教育研究與

發展期刊，1(3)，177-212。

盧雪梅（2006）。台北市國民小學九年一貫課程成績通知單之學習目標分析研究。師大學報：教育類，51(1)，63-84。

蕭儒棠、曾建銘、吳慧珉等（2014）。測驗之編製：命題技巧與測驗資料之分析。國家教育研究院。

賴浩銘（2014）。漸進提示評量對國中歷史科低成就學生影響之個案研究。國立臺中教育大學課程與教學研究所碩士在職專班碩士論文。

戴君佩（2001）。國民小學自然科卷宗評量對三年級學生學習動機之影響。國立臺中師範學院教育測驗統計研究所碩士論文。

薛瑞君（2001）。教育專業檔案——理念與實務。復文。

謝名娟、謝進昌（2017）。台灣學生學習成就評量資料庫（TASA）轉型內涵-邁向108課程之素養導向大型評量模式。載於國家教育研究院出版，大型教育調查研究實務：以TASA為例（頁185-206）。國家教育研究院。

謝如山、謝名娟（2013）。多層面Rasch模式在數學實作評量的應用。教育心理學報，45(1)，1-18。

謝百淇、張美珍、李馨慈（2018）。文化回應課程與評量之統整模式：以偏鄉原住民小學的自然災害單元為例。教育學刊，51，35-79。

謝廣全、謝佳懿（2019）。學習評量：概念與應用。麗文。

謝麗雪、蕭雅萍（2002）。國小英語實施口語實作評量初探。教育研究月刊，101，82-89。

鍾怡慧、徐昊杲（2019）。實作評量在技術型高中專業及實習科目之應用。台灣教育評論月刊，8(9)，1-9。

簡茂發（1991）。命題方法與試題分析。國教輔導，31(1)，2-13。

簡茂發（1993）。心理與教育測驗的發展。測驗統計年刊，1，1-12。

簡茂發（1999）。多元化評量之理念與方法。教師天地，99，11-17。

龔心怡（2016）。因應差異化教學的評量方式：多元評量停、看、聽。台灣教育評論月刊，5(1)，211-215。

湯維玲（2012）。美國《無落後兒童法案》之小學課程與教學變革研究。教育資料集刊，53，47-82。

二、西文部分

Airasian, P. W. (2000). *Assessment in the classroom*. New York, NY: McGraw-Hall.

Arends, R. & Kilcher, A. (2010). *Teaching for student learning: Becoming an accomplished teacher*. New York, NY: Routledge.

Barton, J., & Collins, A. (1997). Starting out: Designing your portfolio. In J. Barton & A. Collins (Eds.), *Portfolio assessment: A handbook for educators* (pp. 1-10). NJ: Dale

Seymour.

Budoff, M. (1987). Measures for assessing learning potential. In C. S. Lidz (Ed.), *Dynamic assessment: An interactional approach to evaluation learning potential* (pp.173-195). New York: Guilford.

Campione, J. C., & Brown, A. L. (1987). Linking dynamic assessment with school achievement. In C.S. Lidz (Ed.), *Dynamic assessment: An interactional approach to evaluation learning potential* (pp.82-115). New York: Guilford.

Carlson, J. S., & Wield, K. H. (1978). Use of testing-the-limits procedures in the assessment of intellectual capabilities in children with learning difficulties. *American Journal of Mental Deficiency, 82*, 559-564.

Earl, L. M. (2003). *Assessment as learning: Using classroom assessment to maximize student learning.* California, Thousand Oaks: Corwin Press.

Embretson, S. E. (1987). Toward development of a psychometric approach. In C. S. Lidz (Ed.), *Dynamic assessment: An interactional approach to evaluating learning potential* (pp. 141-170). The Guilford Press.

Feuerstein, R. (1979). *The dynamic assessment of retarded performers: The learning potential assessment device, theory, instruments, and techniques.* Baltimore: University Park Press.

Gardner, H. (1983). *Frames of mind: The theory of multiple intelligences.* NY: Basic Books.

Haladyna,T. M., Downing, S. M.,& Rodriguez, M. C. (2002), A review of multiple-choice item-writing guidelines for classroom assessment, *Applied Measurement in Education, 15* (3), 309-334.

Hunt, R. J. (1986). Percent agreement, Pearson's correlation, and kappa as measures of interexaminer reliability. *Journal of Dental Research, 65*, 128-130.

Kubiszyn, T. & Borich, G. (2007). *Educational testing and measurement: Classroom application and practice* (8th ed). Danvers, MA: John Wiley & Sons.

Lidz, C. S.(1991). *Practitioner's guide of dynamic assessment.* New York: The Guilford Press.

Linn, R. L., & Gronlund, N. E. (2000). *Measurement and assessment in teaching* (8th ed.) . Upper Saddle River, NJ: Prentice-Hall.

Linn, R. L., & Miller, M. D. (2005). *Measurement and Assessment in Teaching* (8th ed.). Upper Saddle River, NJ: Pearson Prentice Hall.

Marzano, R. J. (2000). *Transforming classroom grading.* Alexandria, VA: ASCD.

Marzano, R. J. (2006). *Classroom assessment and grading that work.* Alexandria, VA: ASCD.

McMillan, J. H. (2011). *Classroom assessment: Principles and practice for effective standards-based instruction.* Pearson.

參考文獻

245

Miller, M. D., Linn, R. L., & Gronlund, N. E. (2013). *Measurement and assessment in teaching* (11th ed.). Upper Saddle River, NJ: Pearson Education, Inc.

Novak, J. D. & Gowin, D. B. (1984). *Learning how to learn.* New York: Cambridge University Press.

Popham, W. J. (2005). Students' attitudes count. *Educational Leadership, 62*, 84-85.

Reddy, Y. M., & Andrade, H. (2010). A review of rubric use in higher education. *Assessment & Evaluation in Higher Education, 35*(4), 435- 448.

Rolheiser, C., Bower, B., & Stevahn, L. (2000). *The portfolio organizer.* Alexandria, VA: ASCD.

Salvia, J., Ysseldyke, J. E., & Bolt, S. (2007). *Assessment in special and inclusive education.* Houghton Mifflin.

Shepard, L. A. (2000). The role of assessment in a learning culture. *Educational Research, 29*(7), 4-14.

Vye, N. J., Burns, M. S., Delclos, V. R., & Bransford, J. D. (1987). A comprehensive approach to assessing intellectually handicapped children. In C. S. Lidz (Ed.), *Dynamic assessment: An interactional approach to evaluating learning potential* (pp. 327-359). The Guilford Press.

Vygotsky, L. S. (1978). *Mind in society: The development of higher psychological processes.* Massachusetts: Harvard University Press.

Wiggins, G. (1998). *Education assessment. San Francisco*, CA: John Wiley & Sons.

Wright, R. J. (2008). *Educational assessment: Tests and Measurements in the Age of Accountability.* Thousand Oaks: Sage.

圖解學習評量

國家圖書館出版品預行編目資料

圖解學習評量/周新富著. -- 初版. -- 臺北
市：五南圖書出版股份有限公司，2024.06
　　面；　公分
ISBN 978-626-393-256-2(平裝)
1.CST: 學習評量 2.CST: 教育測驗
521.3　　　　　　　　　113004546

1183

圖解學習評量

作　　　者 ─ 周新富

發 行 人 ─ 楊榮川

總 經 理 ─ 楊士清

總 編 輯 ─ 楊秀麗

副總編輯 ─ 黃文瓊

責任編輯 ─ 李敏華

封面完稿 ─ 姚孝慈

出 版 者 ─ 五南圖書出版股份有限公司

地　　　址：106臺北市大安區和平東路二段339號4樓

電　　　話：(02)2705-5066　　傳　　真：(02)2706-6100

網　　　址：https://www.wunan.com.tw

電子郵件：wunan@wunan.com.tw

劃撥帳號：０１０６８９５３

戶　　　名：五南圖書出版股份有限公司

法律顧問　林勝安律師

出版日期　2024年 6 月初版一刷

定　　　價　新臺幣 380 元

經典永恆・名著常在

五十週年的獻禮——經典名著文庫

五南，五十年了，半個世紀，人生旅程的一大半，走過來了。

思索著，邁向百年的未來歷程，能為知識界、文化學術界作些什麼？

在速食文化的生態下，有什麼值得讓人雋永品味的？

歷代經典・當今名著，經過時間的洗禮，千錘百鍊，流傳至今，光芒耀人；

不僅使我們能領悟前人的智慧，同時也增深加廣我們思考的深度與視野。

我們決心投入巨資，有計畫的系統梳選，成立「經典名著文庫」，

希望收入古今中外思想性的、充滿睿智與獨見的經典、名著。

這是一項理想性的、永續性的巨大出版工程。

不在意讀者的眾寡，只考慮它的學術價值，力求完整展現先哲思想的軌跡；

為知識界開啟一片智慧之窗，營造一座百花綻放的世界文明公園，

任君遨遊、取菁吸蜜、嘉惠學子！